東京23区の地名の由来

金子勤
Tsutomu Kaneko

幻冬舎

東京23区の地名の由来

まえがき

地名の由来は、多くの人にとって関心の高いテーマだと思われます。これまでも、地理学者のみならず、歴史学や民俗学の研究者など様々な立場の方が、諸説あげています。その中には、誤った説も見受けられました。そこで私は、「地名の由来創作厳禁」という思いのもと、研究を始めました。

地名の由来とは在名や自然地形名に基づいた説であるべきです。自然地形をもとにしているからこそ、関東圏内だけでなく、日本各地に似たような地名があることも明らかになっています。しかし、江戸・東京には武士領主の専横で、そうした説が陰をひそめてしまいました。本書は、それらを掘り起こし、各地に足を運び、研究した記録です。

本書をとおして、日本各地の地名や地形にも興味をもっていただけたら幸いです。

二〇一〇年一月吉日

金子　勤

東京23区の地名の由来　目次

注）地名は、地域政策などにより変更される可能性があります。

東京23区MAP

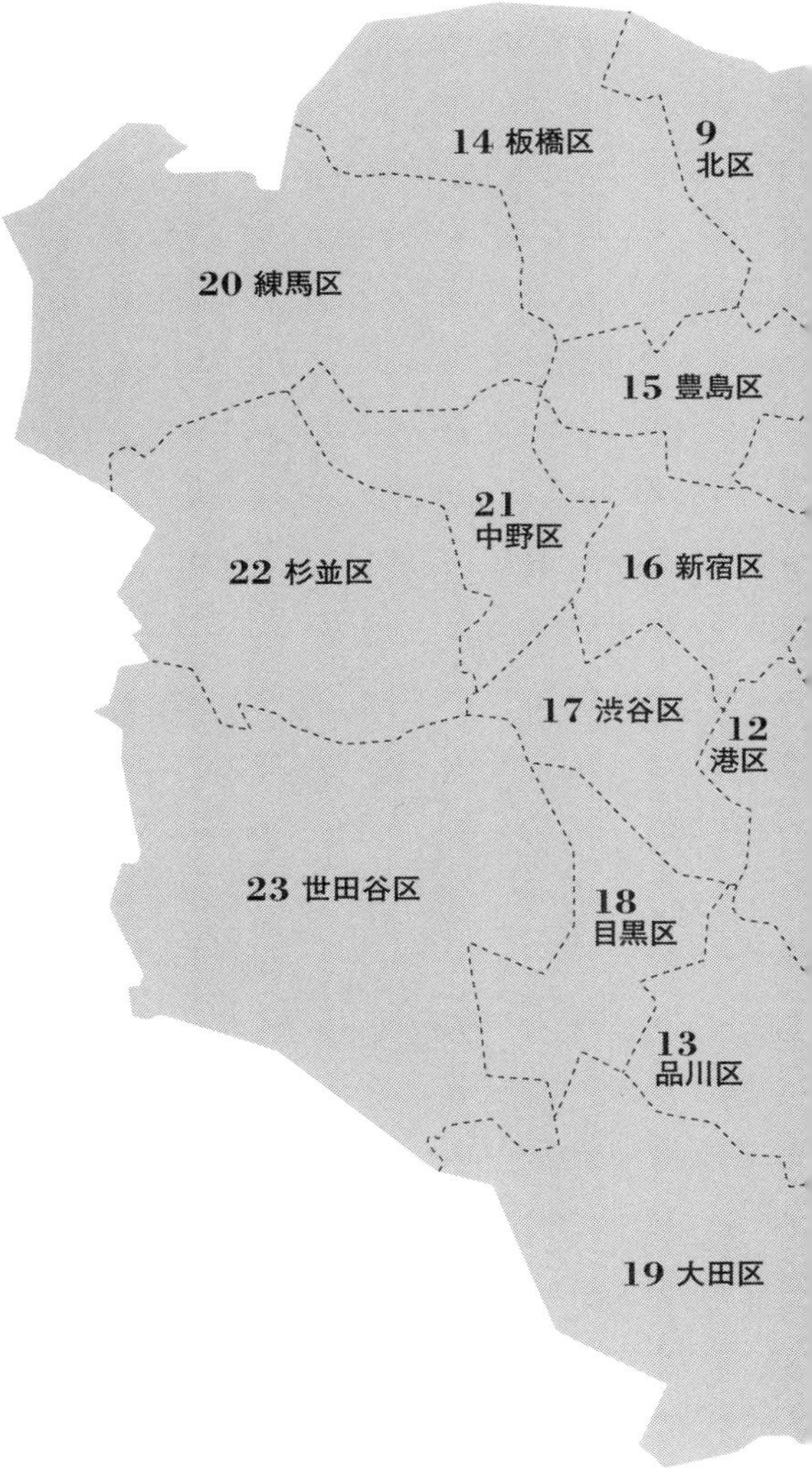
14 板橋区
9
北区
20 練馬区
15 豊島区
21
中野区
22 杉並区
16 新宿区
17 渋谷区
12
港区
23 世田谷区
18
目黒区
13
品川区
19 大田区

編集協力……松本ゆかり
造本……矢野徳子＋島津デザイン事務所

1 足立あだち区

昭和七年、三町（千住・西新井・梅島）、七ヵ村（江北・舎人・綾瀬・東淵江・伊興・花畑・淵江）が合併して成立。

区名の由来

葦が生えていたから（綾瀬川・元荒川）。

類例

1　足《あし》ノ上郡・下郡（神奈川県足柄市・酒匂川）
2　足利《あしかが》（栃木県足利市・渡良瀬川）
3　足次《あしつぐ》（群馬県渡良瀬川・矢場川）
4　足川（千葉県旭市・矢指川）

足立区MAP

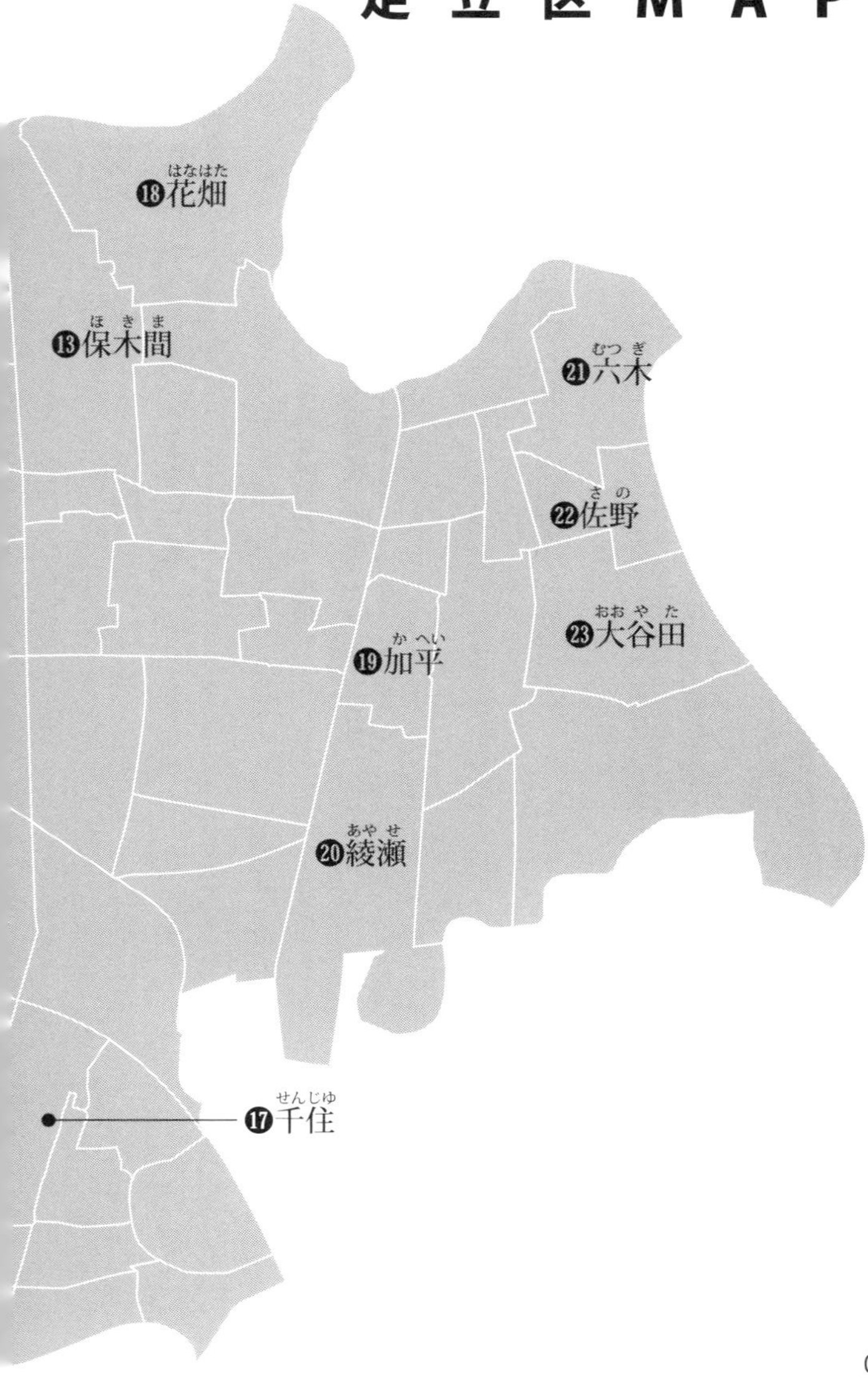

⑱花畑《はなはた》
⑬保木間《ほきま》
㉑六木《むつぎ》
㉒佐野《さの》
㉓大谷田《おおやた》
⑲加平《かへい》
⑳綾瀬《あやせ》
⑰千住《せんじゅ》

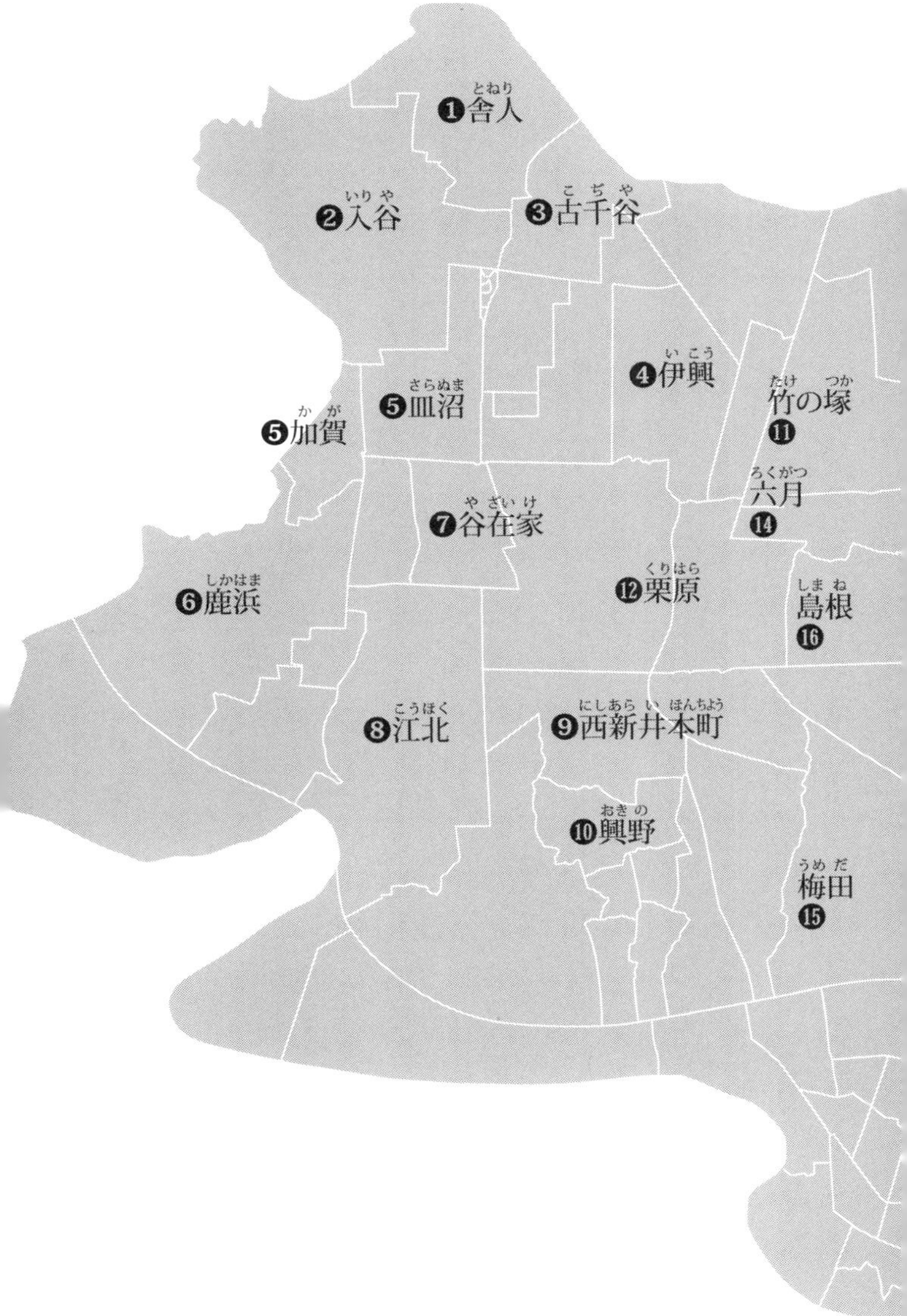
❶舎人《とねり》
❷入谷《いりや》
❸古千谷《こちや》
❹伊興《いこう》
❺皿沼《さらぬま》
❺加賀《かが》
❼谷在家《やさいけ》
❻鹿浜《しかはま》
❽江北《こうほく》
❾西新井本町《にしあらいほんちょう》
❿興野《おきの》
竹の塚《たけのつか》
⓫
六月《ろくがつ》
⓮
⓬栗原《くりはら》
島根《しまね》
⓰
梅田《うめだ》
⓯

足立区内の主要町名・小名

1 舎人《とねり》

舎人とは古代宮廷に仕える下級役人・雑役人・開拓者の家をいう。現在、舎人一～六丁目まであり。

2 入谷《いりや》

入り込んだ谷戸（丘陵地の谷あいの低地）のことをいう。現在、入谷一～九丁目まであり。

3 古千谷《こぢや》

舎人の東の方（東風《こち》）にある谷という意味。現在、古千谷一～二丁目、古千谷本町一～四丁目まであり。

4 伊興《いこう》

鎌倉時代からの古い地名で、「伊古宇」という文字が出てくる古文書がある。小名などから判断すると奥の方の「井」水と関係あり。現在、伊興一～五丁目と伊興本町一～二丁目あり。

5 加賀《かが》・皿沼《さらぬま》

加賀はかがんだような形に見える低地のこと。皿沼は山、丘陵の下の低地、皿のような形をした皿沼に押しせまった所をいう。現在、加賀は一～二丁目、皿沼は一～三丁目まである。

6 鹿浜《しかはま》

西高東低の地で荒川の近くは低く浜となっている。昔は獅子ヶ谷ともいい、せばまった谷戸。現在、鹿浜一～八丁目まである。

7 谷在家《やざいけ》

中世、領主から湿地の田畑を与えられ、そこに家、屋敷を造り、住み着いた人をいう。現在、谷在家一～三丁目まである。

8 江北《こうほく》

荒川と隅田川が競り合い合流しようとする所をいう。江北橋という名の橋が荒川に架かっている。なお、足立区の北西に位置している江北は、明治二十二年、江北村となり、昭和七年、足立区成立で消滅した。しかし、昭和四十五年に再び江北という町名に返り咲いている。現在、江北一～七丁目まである。

9 西新井本町《にしあらいほんちょう》

西新井大師（総持寺）の門前町を含んだ地域をいう。井戸が大師堂の西にあったのでそういう。現在、西新井一～七丁目、本町一～五丁目まである。

地名NOTE

西新井大師は新東京百景に選出されている。ボタンの名所としても知られている。

10 興野《おきの》

高野の奥・沖にある所という意味（南足立郡誌）。現在、興野一～二丁目までである。

〔地例〕興宮町《おきのみやちょう》（江戸川区）は沖の宮、奥の宮といった。

11 竹の塚《たけのつか》

古墳のある高い所をいう。「竹」は地名学では佳名好字で松竹梅の字を使い、「高」を意味する。竹の下は高い所の下の方という意味。現在、竹の塚一～七丁目までである。

12 栗原《くりはら》

由来は小川にくり取られた崖地、またはその上の原をいう。当地名は全国に分布。現在、栗原一～四丁目までである。

13 保木間《ほきま》

低湿地・田圃と「間」は崖地をいう。現在、保木間一～五丁目までである。

14 六月《ろくがつ》

十二世紀後半の鎌倉時代、源義家（八幡太郎義家）は奥州征伐時の六月（旧暦）、炎暑の時、八幡様の小社をこの地（現・六月三丁目）に建立して戦死者を供養。そして、その寺を炎天寺と名付け

炎天寺

たという。この地も六月村といった。現在、六月一～三丁目、東六月町がある。

15 梅田《うめだ》

梅は佳名好字で元は「埋田」という意味。全国各地にある。有名なのは、大阪市北区梅田（駅名もあり）である。「埋田」と書く地名も五％ぐらいあり。現在、梅田一～八丁目まである。

16 島根《しまね》

川がつくった島、陸地をいい、川島、島、川根が同類地名。現在、島根一～四丁目まである。

17 千住《せんじゅ》

千住二丁目にある勝専寺（駅は北千住）の千手《せんしゅ》観音にちなんで命名。異説もあるが……。現在、千住一～五丁目まである。

18 花畑《はなはた》

足立区の北端・綾瀬、毛長、伝右の三つの川の俣・合流点に発達した村・町。南北朝時代、正平七年（一三五二年）の古文書に足立郡花俣郷と初見。江戸時代には花又村といった。「花」とは山、丘陵が突出した所。「畑」は「又、俣」が変化した字。全国に分布する地名「花の木」と同様、「鼻先」とい

勝専寺と千手観音

う意味でフラワーとは関係ない。現在、花畑一～八丁目まである。

19 加平《かへい》

江戸時代初期、伊藤加平が開拓した新田。「平」は平和。「加」は加える（増す）で、益々平和になっていくという縁起の良い名なので現在も使用。現在、加平一～三丁目、北加平町もある。

20 綾瀬《あやせ》

由来は川が綾になって流れ行くから。「あやし」説は怪しい。現在、綾瀬一～七丁目まである。

〔類例〕

1 神奈川県綾瀬市（目久尻川）

2 東京都町田市綾部（小野路川）

3 香川県綾歌郡綾川町（綾川）

21 六木《むつぎ》

関東郡から移住を許され、六騎の侍（天野、寺島、矢沢、浜中、加島、武内）が六木新田を開発したことによる。現在、六木一～四丁目まである。

22 佐野《さの》

江戸時代に佐野新蔵が開発した新田。その開発者の姓を町名にした。現在、佐野一～二丁目まである。

23 大谷田《おおやた》

大きな谷戸の湿地を開発した新田。ここも関東郡代の許可を得て行った所。現在、大谷田一～五丁目まである。田の濁音禁止。

2 葛飾区《かつしかく》

昭和七年、五町（金町・新宿・南綾瀬・本田・奥戸）、二ヵ村（水元村・亀青村）が合併して成立。

区名の由来

葛（かずら）、くずの木が繁茂していたから。「飾」は「かざる」の意。くず原地名各所にあり。

類例

1 千葉県船橋市葛飾町
2 埼玉県葛飾郡

葛飾区MAP

❶水元《みずもと》
❸亀有《かめあり》
新宿《にいじゅく》❹
❼小菅《こすげ》
お花茶屋《はなちゃや》❽
❺青戸《あおと》
❾堀切《ほりきり》
⓬立石《たていし》
❿四《よ》つ木《ぎ》

葛飾区内の主要町名・小名

1 水元《みずもと》

由来は水の源にちなむ。小合溜井《こあいだめい》から下流の田畑へと引かれていった。現在、水元一～五丁目、西水元、南水元、東水元などあり。

2 金町《かなまち》

この町で江戸川が大きく曲がり蛇行していることにちなむ。大工さんが使う工具「曲尺《かねじゃく》」は「金尺」とも書くが、金の付く川の八十％は川の蛇行していることをいう。偶然、この町の郷土技術でハサミ工房をやっている人がいる。現在、金町一～六丁目まである。

3 亀有《かめあり》

ここの由来は少しややこしい。戦国・室町時代の頃は「亀無」といった。それは古隅田川と葛西川が合流して亀の背に似た島のような土地をなしているから。その「なし」を嫌って、江戸時代の正保（一六四四年～）の頃に「亀有」と改めたという。川がつくった島地名。現在、亀有一～五丁目まである。

〔類例〕 1 東京都町田市野津田川島（鶴見川）
2 栃木県真岡市（鬼怒川がつくる）北島・南島・桑島・川島……。

4 新宿《にいじゅく》

水戸街道・佐倉道の分岐点で、戦国時代は伝馬《てんま》宿として栄え、江戸時代は旅籠《はたご》が並び、中川でとれる川魚の料理が名物だったという。現在、一～六丁目までである。

5 青戸《あおと》

川と川が合流して大きく開けた所で、一般的には大戸という。ここでは中川と新中川の合流点を指す。現在、青戸一～八丁目までである。江戸時代に御霊信仰といって、戦国時代の武将である青砥《あおと》藤綱が鎌倉の滑川に落とした十文を探すために、松明《たいまつ》を五十文で買い探させたという伝説に基づく（太平記・弘長記）。

> 地名NOTE
>
> 青戸には京成押上線の駅「青砥《あおと》」がある。この地は、一般には青戸、地理・地形的には大戸がよい。一般人が多く乗り降りする駅名に青砥という難しい字を使うのは珍しい。これは藤綱を信仰する神社があるから使っているそうだ。

6 柴又《しばまた》

寅さんの映画『男はつらいよ』で有名な地名である。奈良、平安時代より少し前の養老年間（七二一年）には「嶋俣」と書き、戦国時代に「柴俣」と変化し、現在の「柴又」に定着したのは江戸時代からである。河川が合流してできた島・デルタをいう。当区内の亀有町と同じ町名由来。現在、柴又一～七丁目までである。

7 小菅《こすげ》

菅は「かや」で、葦や茅が水辺の湿地に群生していた所をいう。現在、小菅一～四丁目までである。

8 お花茶屋《はなちやや》

「お花」とは茶屋の娘の名前をさす。江戸時代は享保の頃、徳川八代将軍吉宗が葛飾方面へ鷹狩りに行った時のこと。途中で腹痛を起こし、付近の茶屋の娘・お花の手厚い看護で病気が全快。吉宗から「お花茶屋」の名を授かったという。現在、お花茶屋一～三丁目までである。

9 堀切《ほりきり》

堀切とは二つの堀が合流し、小さな池または湿地帯をつくりながらも一本の堀で大川へ向かうことをいう。現在、堀切一～八丁目までである。

地名NOTE

堀切は花菖蒲《しょうぶ》の名所。堀切菖蒲は室町末期からあり、二丁目にある堀切菖蒲園には二百種六千株が咲き誇る。見頃は五、六月頃。

10 四《よ》つ木《ぎ》

由来については諸説あり。

1 四本の大木があったからという説。

2 聖徳太子像の頭部が四つの木を張り合わせているという説

などがある。2の説が有力。現在、四つ木一～五丁目まである。

地名NOTE

東京都町田市三輪にも四つ木橋という地名がある。これは鶴見川に架かる橋で、二本の大木を二つに割って四本橋とした。葛飾区にも荒川・綾瀬川に架かる四つ木橋あり。

11 高砂《たかさご》

昭和七年、区誕生と同時に謡曲のめでたい語「高砂」に決定した。それまでは、この地は戦国時代からずっと曲金村《まがりがね》といった。曲金とは川が曲ったという意味で、川の蛇行を表現する合成同義語である。現在、高砂一～八丁目までである。

12 立石《たていし》

この地にある〝立石様〟という石に由来する地名。現在、立石は一～八丁目までである。

13 奥戸《おくど》

戦国時代には奥津と書き、江戸時代からは奥戸・奥戸新田などと呼ばれている。水元の方を鼻先というと、奥戸は奥まった所という意味になる。現在、奥戸一〜九丁目まである。

地名NOTE

葛飾区は東京低地と呼ばれ、立石近辺は海抜ゼロメートル地帯。大きな石や岩は縄文・弥生の古代には存在せず、〝立石様〟は、相模国分寺、武蔵国分寺ができる頃、房総半島の方から海の中を通り、道標として運び込まれたものと推測される。大きさは不明で、文化三年（一八〇六年）、村の若者たちが、大きさを計ろうとして三日間掘り続けたが、石の底に着けなかったという。現在の〝立石様〟は十センチほど頭を出して、あとは地中に埋没している。正面に鳥居が建っている。

3 江戸川区《えどがわ》

昭和七年、三町（小松川町、松江町、小岩町）、四ヵ村（葛西村、瑞江村、篠崎村、鹿本村）が合併して成立。

区名の由来

区内を流れ行く川名による。

江戸川区MAP

❶小岩《こいわ》
❹鹿骨《ししぼね》
❸篠崎《しのざき》
瑞江《みずえ》
⓭
⓫谷河内《やごうち》
⓬春江町《はるえちょう》
⓮江戸川《えどがわ》

❷本一色《ほんいっしき》
❼平井《ひらい》
❽逆井橋《さかさいばし》
❺小松川《こまつがわ》
一之江町《いちのえちょう》・二之江町《にのえちょう》
❻
❾船堀《ふなぼり》
❿宇喜田町《うきたちょう》

江戸川区内の主要町名・小名

1 小岩《こいわ》

大和時代、養老五年（七二一年）の古文書にある「甲和《こうわ》」が現在の「小岩」である。江戸川右岸の小高い所の露出した岩が関係するか。現在、北小岩一～八丁目があり、西小岩、東小岩、南小岩もある。

2 本一色《ほんいっしき》

古代の荘園《しょうえん》制度という貴族や社寺の役人（領家）などの私的所有地をいう。一色田を与えられた人は公事（公の仕事）を免除され、一色田の税だけ納めればよいということ。現在、本一色一～三丁目まである。

3 篠崎《しのざき》

篠、竹や笹が繁っていた所。現在、篠崎町一～八丁目まである。

4 鹿骨《ししぼね》

鹿見塚《ししみづか》神社に小塚があり、そこの碑文に『室町の頃、常陸《ひたち》国（茨城県）鹿島大神が奈良へ行く途中、この地で連れていた神の使いの鹿が急病で

鹿骨の町名由来となる
鹿見塚神社（鹿骨三丁目）

倒れ、里人が葬った塚』と書かれている（古代の伝説）。現在、鹿骨一〜六丁目まである。

地名NOTE

「鹿」を「しし」と読むのは鹿を神格化、または誇張表現する時によく用いられる。

1　埼玉県吉川市鹿見塚　この県では鹿見塚は鹿を見つける展望台のようなもので、享保十年（一七二五年）、同心記録に徳川八代将軍吉宗が鷹狩りの際、多くの鹿を捕らえたとある。

2　横浜市鶴見区獅子ヶ谷町（元鹿ヶ谷）　せばまった谷、窪地。

3　横浜市青葉区市ヶ尾・鹿ヶ谷戸　せばまった谷戸。

4　神奈川県相模原市淵野辺・鹿沼　湿地沼。

5　神奈川県相模原市下溝・鹿沼

神奈川県相模原市磯部・鹿沼　大きな窪地。

5 小松川《こまつがわ》

小松川・境川沿いに松が植えられていたから。小松菜の発祥地。現在、小松川一~四丁目までである。

6 一之江町《いちのえちよう》・二之江町《にのえちよう》

この地が入江であったから。応永五年(一三九八年)から一江、二江がある。現在、一之江一~八丁目までである。一之江町もある。二之江町は町名はない。

7 平井《ひらい》

応永五年(一三九八年)、「平江」と見える。室町戦国時代(一四六七年~)には平井となる。由来は入江であったから。現在、平井一~七丁目までである。

8 逆井橋《さかさいばし》

現在、町名ではないが、小松川二丁目にある橋の名前である。架橋は明治十二年につくられた、当区内では最初の橋。通行人が多いので有料橋。由来は満潮時に逆流するから。昔の逆井村は、平井と小松川に吸収され町名は消えたが橋はある。安藤(歌川)広重の『名所江戸百景』の中に「逆井の渡し」として画かれている。

9 船堀《ふなぼり》

寛永六年（一六二九年）新川が開削され、千葉の方から塩の搬入路とした。船の出入りをする堀川がその由来である。現在、船堀一～七丁目まである。

10 宇喜田町《うきたちょう》

「宇田川喜兵衛の田」がその由来。後北条の家臣だった宇田川喜兵衛は、家康の関東入国後、当地に移住し、アシの茂る湿地の新田開発を行った。現在、丁目はなし。

11 谷河内《やごうち》

江戸時代のはじめに見える地名で、谷川の内側にある湿田という意味である。この読みと漢字は全国に色々ある。現在、谷河内一～二

地名NOTE

神奈川県海老名市国分の逆川《さかさがわ》（運河）この川は、奈良時代天平の頃（七四一年）、聖武天皇の命により各国に国分寺をつくった際、掘られたもの。目久尻川を途中でせき止め運河をつくって逆流させ、国分寺専用の船着き場に食糧や他の物資を運ばせたという。

丁目まである。

12 春江町《はるえちょう》

昭和十三年、椿町（椿群生）の「春」と一之江の「江」から付けられた合成地名。現在、春江町一〜五丁目まである。

地名NOTE

江戸時代はじめより一之江新田を開発し、代々この地の名主を務めたのが田島図書家。現在、この家には住んでいないが、その〝曲がり家造り〟は一之江名主屋敷として一般公開されている。

13 瑞江《みずえ》

大正二年に瑞穂村の「瑞」と一之江村の「江」を採ってつくられた合成地名。瑞穂とは瑞々しい初穂。初穂とは稲、すすき等の穂先。現在、瑞江一〜三丁目まであり。

14 江戸川《えどがわ》

区の南東部に位置する。旧江戸川と新中川に囲まれた江戸川三丁目辺りには数多くの神社・仏閣がある。また、旧江戸川は市川市との境界をなしつつ東京湾に流れ込んでいる。現在、江戸川一〜六丁目まである。

4 荒川区《あらかわく》

昭和七年、四町（南千住、日暮里、三河島、尾久）が合併して成立。

区名の由来

区内北部を流れる荒川名による。

荒川区 MAP

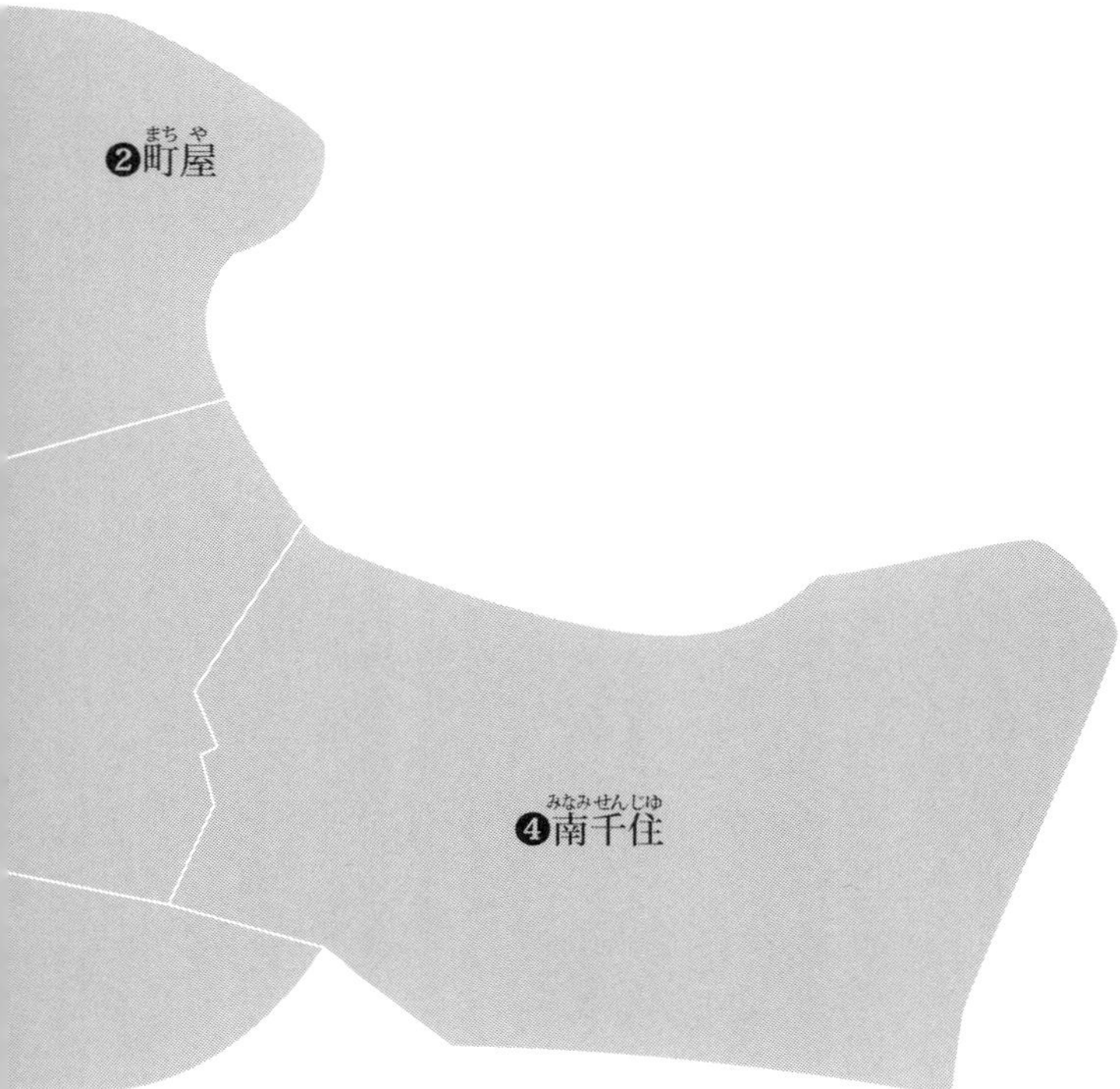

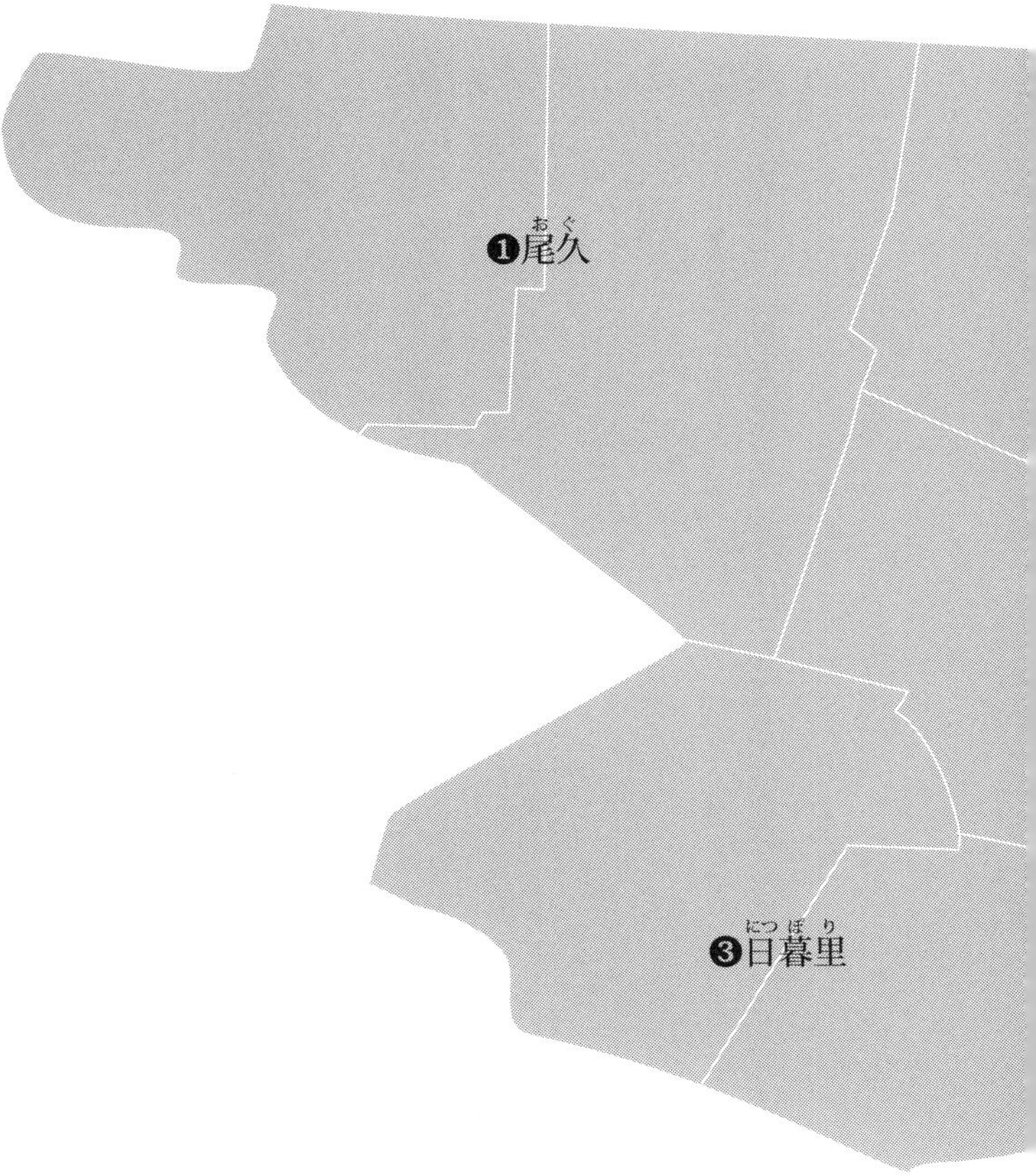
❶尾久《おぐ》
❸日暮里《にっぽり》

荒川区内の主要町名・小名

1 尾久《おぐ》

鎌倉時代、鶴岡八幡宮社の文書に「小具《おぐ》」とある。江戸時代には「尾久」となっている。東北本線駅名も「尾久」。府内、江戸城の方から見ると北の奥の方にあるのでそういう。ただし、その説に否定的な人が多い。現在、西尾久一～八丁目、東尾久一～八丁目まであり。

地名NOTE

興宮、尾久、奥沢、興野、奥戸、奥州など、「奥の方」という地名はいくらでもある。由来は不明。

2 町屋《まちや》

「町」とは集まったという意。「屋」は家で、家が多く集まったという意味になる。田が多く集まった所は「町田」(千町田)。「町山」は小さな山が集まった所。現代の町は町屋を省略したもの。現在、町屋一～八丁目まであり。

3 日暮里《にっぽり》

元の意味は新堀から来ている。戦国時代は「新堀村」（小田原衆所領役帳）、文安五年（一四四八年）に「にっぽり妙円」とある（熊野那智大社文書）。「日暮里」と書くようになったのは江戸時代から。その由来は「日暮らしの里」と呼ばれたことによる。文人雅客・大田南畝《なんぽ》（学者・狂歌師）、柏木如《じょ》亭《てい》（漢詩人）など当地で日暮らし、詩作に耽《ふけ》ったという。現在、西日暮里一〜六丁目、東日暮里一〜六丁目まである。西日暮里二丁目に、ひらがなで「ひぐらし」という小学校あり。

地名NOTE

童謡『夕焼け小焼け』の作詞者・中村雨紅は、ここ日暮里の小学校で教師をしていた。新米教師として赴任した第二日暮里小学校には「夕焼け小焼け記念碑」が、在職中にその詩を書いた第三日暮里小学校には「夕焼け小焼けの塔」が建っている。

4 南千住《みなみせんじゅ》

地名の由来は新井図書という鎌倉時代の役人で当地の開拓者が嘉暦二年（一三二七年）、荒川で投網中、魚に混じって千手観音を発見したことにちなむ。以来、その地区一帯を千手・千住・せんじというようになったという。現在、南千住一～八丁目までである。南千住の南とは、現在の足立区の千住より南の方（現在、荒川区となった）にあたるため。なお、発見されたその像は、勝専寺（足立区千住二丁目）にまつったという（新編武蔵風土記稿）。

5 墨田すみだ区

昭和二十二年、隅田川堤の通称〝墨堤〟の「墨」と、隅田川の「田」を組み合わせて区名とした。本所、向島二区を合併。

区名の由来

墨田とは澄みたる川だから（日本名所図会）。

墨田区MAP

❶東向島《ひがしむこうじま》
❹八広《やひろ》
❸京島《きょうじま》
❼押上《おしあげ》
❻文花《ぶんか》
❺立花《たちばな》
❿太平《たいへい》
⓬錦糸《きんし》

堤通《つつみどおり》❷
❽吾妻橋《あづまばし》
業平《なりひら》❾
⑪石原《いしはら》
⑬横網《よこあみ》
⑭亀沢《かめざわ》
⑮両国《りょうごく》
⑯立川《たてかわ》
⑱千歳《ちとせ》
⑰菊川《きくかわ》

墨田区内の主要町名・小名

1 東向島《ひがしむこうじま》

浅草側から見て川の東、向こうに見える島のような土地という意味で付けられた。現在、一〜六丁目まである。

2 堤通《つつみどおり》

昭和四十一年に、隅田川の堤防に沿っているから町名とした。現在、堤通一〜二丁目まである。

3 京島《きょうじま》

昭和四十年の住居表示実施時、元の村名から採るのが困難で、佳名の「京」と旧向島の「島」を採って町名とした。現在、京島一〜三丁目まで。

4 八広《やひろ》

昭和四十年の住居表示以前、各町に八丁目まであった。その「八」と八方広がりに繁栄していくように「広」の佳名を付けて、合成した。現在、八広一〜六丁目まである。

5 立花《たちばな》

町内にある吾嬬《あづま》神社の祭神である弟橘媛《おとたちばなひめ》の「たちばな」の字をやさしい当用漢字の「立花」にした。行政は立派だった。だが小学校は吾嬬小学校という子供泣かせの昔の字を使っている。現在、立花一〜六丁目まである。

6 文花《ぶんか》

昭和四十一年の住居表示により、学校、図書館など文教施設が他の地域にない「文」の字と、吾嬬神社の祭神・弟橘（立花）媛から「花」の字を採って文花とした。現在、文花一〜三丁目まである。

7 押上《おしあげ》

川が作った土砂がデルタとなり、それがだんだんと大きく押し上げられ陸地化したものをいう。現在、押上一〜三丁目まである。

〔類例〕埼玉県行田市押上町　荒川が作った陸地、吹上。

8 吾妻橋《あづまばし》

安永三年（一七七四年）に隅田川に架けられた橋。吾嬬神社（立花一丁目）への参道のため命名した。現在、吾妻橋一〜三丁目まである。

9 業平《なりひら》

南蔵院業平神社の境内にあった業平塚に由来する。隣接する吾妻橋にあった南蔵院は昭和初期、葛飾区東水元に移転。塚も今はない。現在、業平一〜五丁目まである。

地名NOTE

平安時代の歌人・在原業平は、性質奔放、和歌にすぐれ、六歌仙の一人でイケメン歌人。伊勢物語の主人公でもある。業平は好男子の代名詞。小野小町は美人の代名詞。

10 太平《たいへい》

明治二年、周辺の四つの町村が、大変静かに穏やかに治まるようにと付けた佳名好字の地名である。もう一説、太田道灌《どうかん》ゆかりの平河山法恩寺に由来し、「太」と平河山の「平」から合成したという説もある。現在、太平一～四丁目まである。

11 石原《いしはら》

墨田川の河原に石が多かったので命名した（葛西志）。現在、石原一～四丁目まである。

12 錦糸《きんし》

本所七不思議の第一が「おいてけ堀」。魚を置いていけと、声がするという。これが「禁止」となり「錦糸」となった。錦糸堀地名の祖である（墨田区史）。なお、「おいてけ堀」民話は各所にあり（日本伝説大系にもあり）。現在、錦糸一～四丁目まである。

13 横網《よこあみ》

江戸時代初期、正徳三年（一七一三年）にその町名が付けられた（御府内備考）。隅田川の土手に海苔採り網をずらりと横に干したから、その名が付いたという。昭和四十一年の住居表示制度により「町」の文字を省いて横網となった。現在、横網一～二丁目まである。国技館のそばだからといって、横綱・と間違えないように。

14 亀沢《かめざわ》

江戸時代、宝暦四年（一七五四年）、六百坪の大池に、大きな亀が住んでいたからそういう（葛西志）。現在、亀沢一～四丁目まであり。

15 両国《りょうごく》

西が武蔵《むさし》国、東が下総《しもうさ》の国、その両方の国を結ぶのが両国橋。両国橋を渡り、両国の駅の北側に国技館と江戸東京博物館がある。現在、両国一～四丁目まであり。

地名NOTE

江戸時代の初期、明暦三年（一六五七年）、明暦の大火があった。その時、多くの者たちは本所方面へ隅田川を渡って避難しようとしたが、橋がないためこの辺りで焼死した。この時は正月十八日～二十日、江戸城本丸をはじめ、市街の大部分を焼き払った大火事。死者は十万余人。出火原因は本郷丸山町の本妙寺で施餓鬼《せがき》に焼いた振袖が空中に舞い上がったことによる。俗に振袖火事といった（新修日本橋区史・広辞苑）。

16 立川《たてかわ》

江戸時代初期、万治二年（一六五九年）、通運、通水のため、竪川が開削された。これは江戸城から見て、縦に通じているからそういった。昭和三十九年、住居表示の時から、竪川の町名を主張し続ける者もいたが、「竪」の字は当用漢字にないので「立川」と決着した。現在、立川一～四丁目まである。

17 菊川《きくかわ》

菊川とは、谷や土地が狭まった所をちょろちょろ、ちょろちょろと流れ出て行く川をいう（古代地名語源辞典）。現在、菊川一～三丁目まである。

〔類例〕
1 横浜市港北区菊名
2 神奈川県三浦市菊名川
3 静岡県菊川市

18 千歳《ちとせ》

明治二年、松坂、緑などの佳名好字からの町名が多かったので、同じようにめでたい地名の千歳が選ばれたという。現在、千歳一～三丁目まである。

地名NOTE

川崎市には「千年」と書いて「ちとせ」という町名もある。全国的には千歳という町村名は数十ヵ所ある。

6 江東《こうとう》区

昭和二十二年、二区（深川・城東）が合併して成立。

区名の由来

墨田川の東にあるので江東区と命名。
上等（城東）が高等（江東）に格上げされたわけだ（江東区二十年史）。

江東区MAP

猿江《さるえ》
❸
❹白河《しらかわ》
❺清澄《きよすみ》
❼福住《ふくずみ》
❽門前仲町《もんぜんなかちょう》
東陽《とうよう》
❿
❾木場《きば》
⓬越中島《えっちゅうじま》
⓭東雲《しののめ》

051 江東 こうとう 区

江東区内の主要町名・小名

1 亀戸《かめいど》

江戸初期から亀戸村あり。海に亀の形をした島がありそういわれた。また、それが亀井戸と呼ばれたが井の字が省略された。現在、亀戸一〜九丁目までである。亀戸天神（亀戸三丁目）で有名。

2 大島《おおじま》

江戸時代に大島村とある。比較的大きな島だったから（江東の昭和史）。現在、大島一〜九丁目までである。

3 猿江《さるえ》

戦国時代、源頼義の奥州征伐の時の伝説がある（p53の地名NOTE参照）。伝説はさておき、「猿」は「ざる」で、ざらざらした、崩れやすい砂をいう。猿の字を使った地名は、「猿山」など各所にある。現在、猿江一〜二丁目までである。

4 白河《しらかわ》

陸奥国白河（青森県白河郡）藩主の松平定信の墓が町内の霊岸寺にあるのでその名が付いた（東京市町名沿革史）。現在、白河一〜四丁目までである。

5 清澄《きよすみ》

元禄八年（一六九五年）、この辺の干潟を開拓した八人のなかに弥兵衛という人がいた。彼の出身は安房国（千葉県）清澄村（鴨川市）なので、その名が付いた。現在、清澄一〜三丁目までである。

地名NOTE

戦国時代、源頼義の奥州征伐時に「猿江」という地名につながる伝説がある。これは、「猿藤太」と記された武士の亡骸がこの地の入り江にあり、猿藤太の「猿」と「江」から「猿江」という地名が成立したと伝えられているもの（御府内備考）。しかし、地名の由来とは関係がないという説もある。

地名NOTE

清澄・白河の北隣りに常磐《ときわ》という地名がある。由来は松の常緑樹による。同町に以前、長野県松代《まつしろ》城主の屋敷があり、深川南松代町といった。現在、常磐一〜二丁目となった。

6 北砂《きたすな》

海に臨む干潟を万治二年（一六五九年）、新左衛門が砂村新田と称す。新田がその辺一帯に十三でき、一括して砂村と呼んだ（砂町銀座史）。現在、北砂一〜七丁目までである。町内にある砂町銀座は、東京大空襲の時に消失したが、現在、東京一安い下町商店街と人気を呼んでいる。

7 福住《ふくずみ》

明治二年、五町（北川町、蛤《はまぐり》町、奥川町、黒江町、大島町）が合併する際、佳名好字で付けられた（新撰東京名所）。現在、福住一〜二丁目までである。

8 門前仲町《もんぜんなかちょう》

同町は永代寺の門前町として成立。永代寺門前町、永代寺門前仲町、同門前東仲町、同門前山本町を一括して形成した（御府内備考）。現在、門前仲町一〜二丁目までである。

9 木場《きば》

寛永十八年（一六四一年）、江戸の大火後に徳川幕府から隅田川の東岸を材木置場として与えられた。木場に存在した多くの木材業者は昭和四十八年以降は新木場、海の中に移転したが、木場という名称はそのまま残された（江東の昭和史）。現在、木場一〜六丁目までである。

10 東陽《とうよう》

昭和七年に西平井町と東平井町が合併して東陽となった。現在、東陽一〜七丁目までである。

11 南砂《みなみすな》

6の北砂のように、砂村が南と北に別れて町名となった。現在、南砂一～七丁目までである。

12 越中島《えっちゅうじま》

墨田川河口の島（洲）に明暦の頃（一六五五年～）、播州姫路の領主、榊原越中守の別邸があったことによる（東京案内）。現在、越中島一～三丁目までである。

13 東雲《しののめ》

「しののめ」の由来は「篠の目」から来ている。これは篠竹を材料にして作られ、明り取りそのものの意になり、転じて夜明けの薄明かり、さらに夜明けそのものの意になり、さらに「夜明け」あけぼのの意になる佳名好字である（広辞苑）。現在、東雲一～二丁目までである。

地名NOTE

東陽という地名は、明治三十三年に開校した東陽尋常小学校の名を由来と見ることができる。だが、「東陽」の初見は、明治九年に深川学校と土屋学校が「東陽学校」となったとき。どちらを現在の東陽町の由来とするか難しいところである。

14

新木場《しんきば》

9の木場から町名だけを残して昭和四十八年以降、東京湾の埋立地新木場として、材木及び材木商人達が移転して来て町を形成している。十四号埋立地に付けられた地名で、東京港改訂港湾計画の一環として、輸入木材の貯木場が整備、拡充された。現在、新木場一〜四丁目まである。

7 台東《たいとう》区

昭和二十二年、二区（浅草・下谷）が合併して成立。

区名の由来

上野の高台を意味する「台」と、上野の東にある浅草の「東」という。

「日出る処衆人集って栄える所」（中国清時代の康熙《こうき》字典より）

台東区MAP

❶三ノ輪《みわ》
❻千束《せんぞく》
❼入谷《いりや》
❺今戸《いまど》
❿浅草《あさくさ》
⓫松《まつ》が谷《や》
⓬雷門《かみなりもん》
⓭寿《ことぶき》
⓯蔵前《くらまえ》

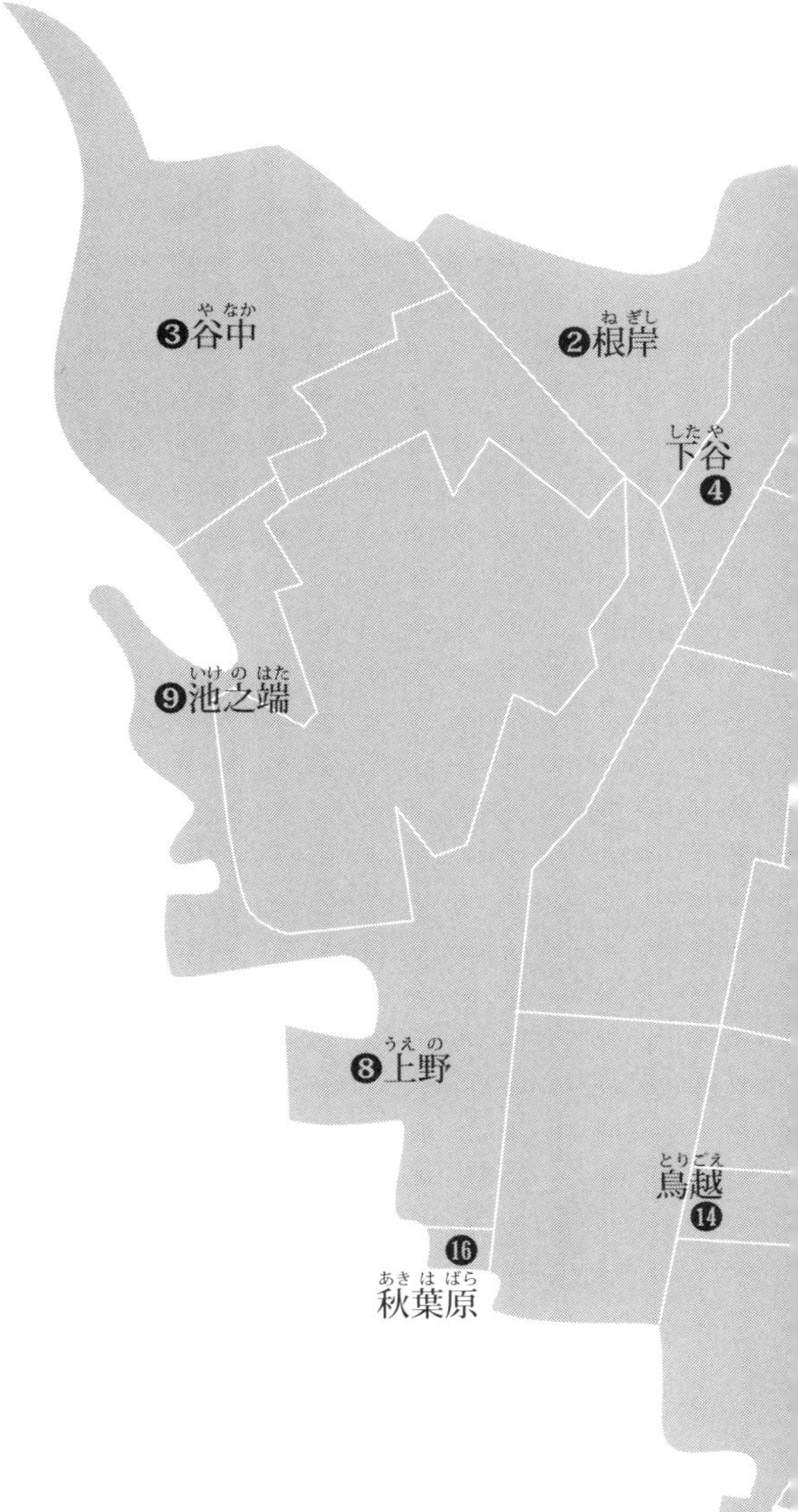
❸谷中《やなか》
❷根岸《ねぎし》
下谷《したや》
❹
❾池之端《いけのはた》
❽上野《うえの》
鳥越《とりごえ》
⓮
⓰
秋葉原《あきはばら》

台東区内の主要町名・小名

1 三ノ輪《みのわ》

古代、この地は海に突出した岬のような所だったろう（三ノ輪町通史）。明治後期に刊行された『新撰東京名所図会』には、この辺りは野原だったとある。また、「箕輪《みのわ》」という文字も見える（小田原衆所領役帳）。この「箕輪」という地名の一般論は、箕の形をした谷戸のへこんだ所。茨城県に多い（神奈川県の地名）。現在、三ノ輪一〜二丁目まである。

2 根岸《ねぎし》

上野山のふもとで、沼地の岸辺だったからという。正岡子規ら多くの文人墨客が住んでいた。現在、根岸一〜五丁目まである。

3 谷中《やなか》

上野の台地の中の西の方の谷間をいう。足立区にも「谷中」あり。こちらは谷中新田の開発名にちなむ。現在、谷中一〜七丁目まである。

地名NOTE

谷中霊園には、百に近い寺が集まり、徳川将軍や政財界人、文化人、高橋お伝などの墓もある。

4 下谷《したや》

上野の台地に対して、下の方の低い所をいう。朝顔市で有名。現在、下谷一～三丁目までである。

5 今戸《いまど》

古くは「今津」といった（小田原衆所領役帳）。江戸初期、正保の頃（一六四四年～）から「今戸」となっている。今津と呼ばれたのは、ここに港があったから。今津とは「新しい港」という意味である。かつて、今戸橋付近では、瓦や土器が焼かれ、今戸焼といった。現在、今戸一～二丁目までである。

〔類例〕 1 滋賀県高島市今津

※旧制第三高校（現京都大学）で歌われた『琵琶湖周航の歌』には、三番に「今日は今津か長浜か」という一節がある。

2 兵庫県今津

6 千束《せんぞく》

建長五年（一二五三年）、「千束郷御年貢米」とあるので浅草寺へ稲千束分を納めたことが由来となる。現在、千束一～四丁目までである。

7 入谷《いりや》

低い入り込んだ谷のような所。また、元入谷、中入谷、南入谷というような地名も全国に分布しており、それぞれが入り込んだ所という意味合いがある。現在、入谷一～二丁目までである。

8　上野《うえの》

小高い岡、台地で草が茂る野原というのがその由来。現在、上野一～七丁目まである。このほか上野桜木などあり。

9　池之端《いけのはた》

由来は不忍池のあたりであったことによる（東京案内）。池の中に水の神・弁天様あり。現在、池之端一～四丁目まである。

10　浅草《あさくさ》

草深い武蔵野で草があまり茂っていないので浅草という（江戸砂子）。浅草の地名由来は、浅く「くっさく」され、くぼんだ所をいう。草木の草は関係なし。同様の由来をもつ地名は多く、なかでも台地のくぼんだ所が多い。現在、浅草一～七丁目と浅草橋一～五丁目まである。

〔類例〕1群馬県みどり市東町草木ダム／2福島県いわき市草木台／3横浜市緑区長津田台草木／4横浜市泉区和泉町草木／5神奈川県藤野市佐野川草木／6群馬県吾妻郡草津町草津温泉（硫黄でくさい説付会）／7滋賀県草津市（びわ湖畔）草津／8岐阜県大垣市浅草（低い湿地帯）

浅草寺縁起

11 松《まつ》が谷《や》

昭和四十年に浅草松山町、松葉町、入谷町が合併。「松」の字と入谷の「谷」を採って松が谷と合成した地名。秋葉原にあった火伏せの神・秋葉神社は明治二十一年、松が谷三丁目へ移転されている。現在、松が谷一〜四丁目まである。

地名NOTE

松葉町とは、主要町・浅草寺または上野からの町はずれにあるという意味。「松葉」とは佳名好字の縁起の良い字。実際は「松」は「末」、「葉」は「場所」。すなわち村はずれという意味になる。村はずれという語に「踊り場」もある。

12 雷門《かみなりもん》

浅草寺の表門で、正式には風雷神門という。寛永十二年（一六三五年）建立後、三度焼失。現在の門は昭和三十五年に建立された。昭和九年、町として名が付けられた。現在、雷門一〜二丁目まである。

13 寿《ことぶき》

明治三年、江戸期の真砂町、黒沢町、福川町、石浜町の四町が合併。昭和三十九年、寿町、菊屋橋、三筋町を含めて「寿」というめでたい字で統一した。現在、寿一～四丁目までである。

14 鳥越《とりごえ》

この地にある鳥越神社は、かつては白鳥神社といい、白雉《はくち》二年（六五一年）創建と伝える。日本最初の天皇・神武天皇は白鳥となって天空に舞う（古事記中巻）。したがって、白鳥神社は神武天皇をまつる。平安時代に源義家が一羽の鳥に導かれて、海を越えることができたという。それで、鳥越神社と改め、その辺りの村を鳥越村としたという。現在、鳥越一～二丁目までである。同神社の「どんど焼」も有名。

15 蔵前《くらまえ》

幕府の御米蔵があったことに由来する。昭和九年「蔵前」が正式町名となる。東京工業大学（目黒区大岡山）の前身は台東区蔵前にあり、明治、大正時代は蔵前高等工業と呼ばれていた。現在、蔵前一～四丁目までである。

16 秋葉原《あきはばら》

明治二年の大火後、火伏せの神・秋葉神社を創建、秋葉原と呼ばれるようになった。明治二十一年、神社は入谷町に移され、11の松が谷町に現存。現在、秋葉原という町名はあるが丁目はない。電化製品の町として知られる。なお、秋葉原の読み方だが、「葉」を「バ」、「原」にも濁点を付けると、なめらかな音にならず、ギザギザするので、「葉」を消音にしている。

8 中央区《ちゅうおうく》

昭和二十二年、二区（日本橋・京橋）が合併して成立。

区名の由来

東京都二十三区のほぼ中央に位置し、また、経済、文化の中心地・中央であるので、そう付けた（中央区史）。

❶馬喰町《ばくろちょう》
❷大伝馬町《おおでんまちょう》・
小伝馬町《こでんまちょう》
❸人形町《にんぎょうちょう》
❹日本橋《にほんばし》
❼兜町《かぶとちょう》
❺茅場町《かやばちょう》
❽新川《しんかわ》
❿
八丁堀《はっちょうぼり》
⓬入船《いりふね》
⓭明石町《あかしちょう》
⓯佃《つくだ》
⓰勝《かち》どき
⓲晴海《はるみ》

中央区MAP

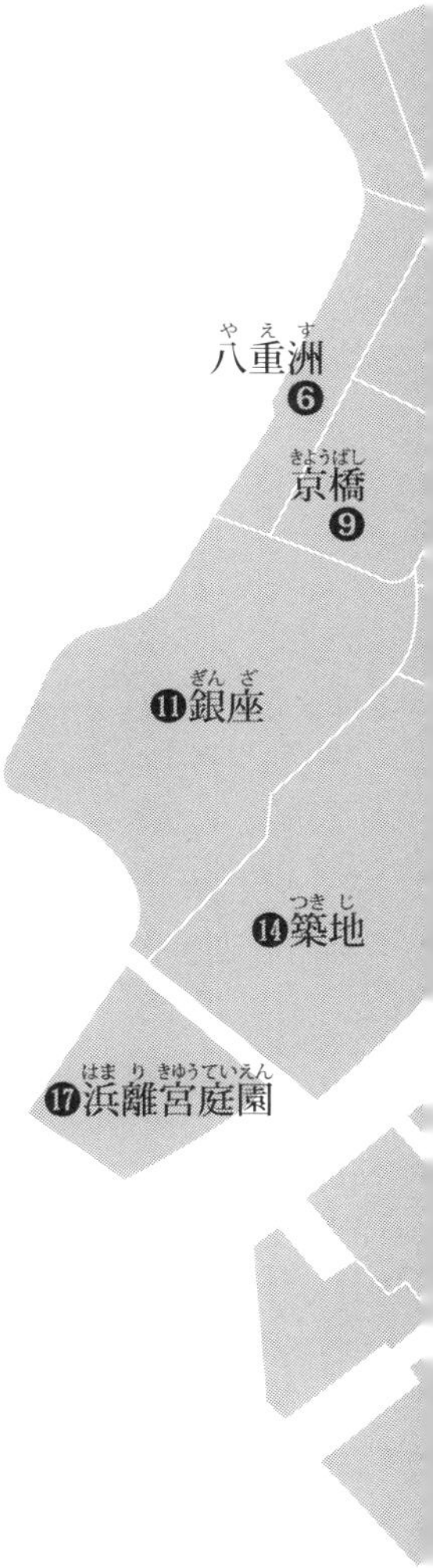

中央区内の主要町名・小名

1 馬喰町《ばくろちょう》

馬喰《ばくろう》とは、馬の売買をする業者（仲介人）のことをいう。馬の蹄鉄（馬のひづめに打ちつけるU字形の鉄）を作ったり、馬の医者を伯楽という。現在、日本橋馬喰町一～二丁目まである。

2 大伝馬町《おおでんまちょう》・小伝馬町《こでんまちょう》

「伝馬」とは、人やその荷物を馬に乗せ、次の宿駅や目的地まで運んで行く制度。この地では多くの馬を準備して待機していたので、「大」の字を付けた。隣接する馬喰町に、その馬の仲介人が住んでいて用意万端だったわけだ。現在、日本橋大伝馬町・小伝馬町がある。両町とも丁目なし。

3 人形町《にんぎょうちょう》

昭和八年から現在までその町名が付けられている。寛永年間（一六二四年～）、歌舞伎芝居見物の客に人形細工を売る店が並び、俗称人形町通りといった。現在、日本橋人形町一～三丁目まである。

4 日本橋《にほんばし》

慶長八年（一六〇三年）、幕府は浜町から銀座付近まで町割り、堀割りを進めた。この時、日本橋が架橋されたという。その橋の名が由来となった。ここを起点に五街道を定めた（東京市町名沿革史）。現在、日本橋一～三丁目までである。

5 茅場町《かやばちょう》

昭和八年、南茅場町、北島町、亀島町が合併してできた。由来は茅や葦を売る業者が当地へ移住してきたから。神田橋の元の町に対して南茅場町といった。現在、日本橋茅場町一～三丁目までである。

6 八重洲《やえす》

東京駅八重洲口前にあるこの町名の由来は、日本語ではない。由来はヤン・ヨーステン（一五五七？～一六二三年）というオランダ人船員である。徳川家康に仕えた人物で、貿易をあっせん。帰国の途中、船が浅瀬で難破、水死したという。現在、八重洲一～二丁目まである。

7 兜町《かぶとちょう》

明治四年、町内の兜神社の境内に兜塚があった。それが町名の由来である。明治十一年、東京株式取引所が設立される。今ではニューヨークに次ぐ規模に成長し、兜町といえば証券取引所の代名詞となった。ほかに平将門の兜を埋めた場所という説もある（江戸名所図会）。現在、日本橋兜町だけで丁目はない。

8 新川《しんかわ》

隅田川に合流していた運河にちなむ。この川(運河)には江戸湾から関西の酒(灘酒)などが運び込まれた。新川は酒の代名詞ともなっていた。現在、新川一～二丁目である。

9 京橋《きょうばし》

京橋川に架けられた橋の名だが、京都出身の者がこの橋付近で遊女屋を経営していたことにちなむという(御府内備考)。江戸時代は木の橋、明治八年には洋式の石橋、昭和三十四年に京橋川が埋め立てられ撤去。町名だけ残っている。現在、京橋一～三丁目である。

10 八丁堀《はっちょうぼり》

寛永年間(一六二四年～)に船を通すため、海口より長さ八丁(約八七二m)の堀を作ったことによる。現在、八丁堀一～四丁目まである。

地名NOTE

江戸時代、八丁堀の中央部には与力・同心の組屋敷があり、赤い房の十手を後ろに差し、機敏に捕物劇を演じたという。

11 銀座《ぎんざ》

慶長十七年(一六一二年)に、幕府はこの地に銀貨鋳造の役所(銀座役所)を設置。銀座は通称となり、江戸時代には職人の町として栄えた。

寛政十二年（一八〇〇年）に、そこの座人が不正事件を起こし、銀座役所は日本橋の蛎殻町に移されたが、昔のことは忘れ、にぎやかな銀座通りを続けている。日本各所にあるにぎやかな通りを「銀座通り」と呼ぶ。現在、銀座一～八丁目までである。

銀座発祥の碑

12 入船《いりふね》

明治元年、外国人居留地をこの辺に設けた時、入船町は一～九丁目まであった。同町の西の方に入船川があった時にその町名ができた（東京市町名沿革史）。明治三十二年には八丁目、九丁目が明石町に編入されたので、入船町は一～六丁目と少し小さくなった。現在は入船一～三丁目までである。

13 明石町《あかしちょう》

明石とは赤い石、赤いサンゴなどのことをいう。山岳地帯は赤茶けた石、海辺は赤サンゴのことをいう。兵庫県明石は日本の標準時の子午線（東経一三五度）が通っている。従って、地名の由来は兵庫県明石市といえよう。石《いし》の「い」が省略されて、そう呼んでいる。現在、明石町は丁目はない。

なお、同町には赤穂浪士で有名な浅野家の藩邸があったが、元禄十四年（一七〇一年）の赤穂事件の後、没収されている（京橋区史）。
〔「い」が省略された類例〕
1　兵庫県豊岡市出石《いずし》町
2　飯縄《いずな》神社
3　待っている→待ってる。
4　いやだね→やだね。

14　築地《つきじ》

万治元年（一六五八年）木挽町《こびきちょう》の海の方を埋め立て土地を築いた、というのがその由来（御府内備考）。明暦三年（一六五七年）の大火後、本願寺が当地に移転して来た。現在、築地一〜七丁目である。築地五丁目には広大な市場（青果部・魚類部）がある。

15　佃《つくだ》

昭和四十二年の住居表示の際、佃島、新佃島東町・西町が「佃」となって「島」の字がなくなった。大阪の佃村から正保元年（一六四四年）、漁師三十余人が当地に家康との縁故により近海の漁業権を得、白魚を取って、「つくだ煮」として、将軍に献上したのがその由来である。島内に移住の時、大阪から移して来た時の住吉神社あり（江戸名所図会）。現在、佃一〜三丁目まであり。

16 勝《かち》どき

勝どきの由来は日露戦争（一九〇四〜〇五年）時の勝利の喚声（勝《か》ち鬨《どき》）にちなむ。明治三十八年、ここに渡し船がつくられ「かちどきの渡し」と呼ばれた。勝鬨橋ができたのは昭和十五年。築地と月島の方を結ぶ橋で、船が通ると橋の中央から分かれ、開閉する珍しい橋だった。昭和四十三年三月、この珍しい開閉橋は廃止し、船が車に道をゆずった。橋のたもとに記念碑あり（中央区史）。現在、勝どき一〜六丁目まである。

17 浜離宮庭園《はまりきゅうていえん》

寛永年間（一六二四〜四四年）この辺りはアシの茂る洲で、徳川将軍家の鷹場であった。五代将軍綱吉の時、御用邸となり、宝永六年（一七〇九年）に浜御殿となる。明治三年、宮内省（庁）管理で浜離宮として、外国からの高貴な客を接待する場所となる。当時は築地六丁目だったが、昭和四十一年から、浜離宮庭園という独立した町名にした。

18 晴海《はるみ》

明治二十年代に月島（築き島）埋立事業で造成、月島四号地が昭和十二年に京橋区の晴海町一〜六丁目となり、昭和四十一年から現在まで、晴海一〜五丁目に再編された（中央区史）。いつも晴れた海を望むという希望からこの名が付いた。晴海埠頭が整備されてからは東京国際貿易センター（現在は有明の東京ビックサイトに移行）などがつくられ、色々なイベントや展覧会などが行われている。現在、晴海一〜五丁目まである。

9 北《きた》区

昭和二十二年、二区（王子・滝野川）が合併して成立。

区名の由来

東京都二十三区の北の中心地にあるので付けられた。色々な案や「北」という字に対する異論もあったが、北区に落ち着いた（北区史）。 時代観点で一番妥当。

北区　MAP

❷志茂《しも》
❹神谷《かみや》
❼豊島《としま》
❾堀船《ほりふね》
❽王子本町《おうじほんちょう》
⓬昭和町《しょうわまち》
⓫西ケ原《にしがはら》
⓭田端《たばた》

❶浮間《うきま》
❸赤羽《あかばね》
❺桐ヶ丘《きりがおか》
上十条《かみじゅうじょう》❻
滝野川《たきのがわ》❿

北区内の主要町名・小名

1 浮間《うきま》

江戸時代は足立郡であった（新編武蔵風土記稿）。当時、荒川が浮間村の南側を流れており、たび重なる荒川の流路変化で、「浮島」となり、「し」がとれて「浮間」となったという（岩淵町郷土史）。大正十五年、岩淵町大字浮間、昭和二十二年、北区発足で北区浮間町となった。現在、浮間一〜五丁目までである。浮間橋の上にはJR埼京線北赤羽駅がある。川の上につくられる駅は珍しい。

2 志茂《しも》

江戸時代、下村となっていた（新編武蔵風土記稿）。同地域の中心地の岩淵宿から見て、「川下の村」だからそういう（岩淵町郷土史）。序列を表す「下」の字より「志茂」の方が良い（北区史）。現在、志茂一〜五丁目までである。

3 赤羽《あかばね》

赤色の粘土をいう。関東ローム層といって、関東各地にある赤埴《あかはに》である。関東ローム層の赤土は、第四紀に箱根・富士・男体・赤城・榛名・浅間などの火山から噴出したもの。従って、関西などに粘土はあるが、関東のような赤ではない。赤羽（赤羽根）の他の伝説・伝承もあるが地名の由来にはならない

（神奈川県の地名）。現在、赤羽一〜三丁目までである。

4 神谷《かみや》

江戸時代、神谷は「かにわ」と読んでいた（新編武蔵風土記稿）。地名の由来は「蟹庭《かにわ》」とも記すことから、荒川沿岸で蟹がたくさん捕れたことからくる（岩淵町郷土史）。昭和七年、王子区神谷町になった（王子区史）。現在、神谷一〜三丁目までである。

地名NOTE

「蟹庭」のように、地名に動物や生き物が使われることがある。これは、世の中が安定した明治二十二年頃から、渡り鳥や動く動物を地名に使うようになってきた。戦国時代は使われなかった。

5 桐ケ丘《きりがおか》

昭和三十九年から使用されている町名。桐の木がたくさん植わっていたのでそういう。このあたりは戦時中は国有地で、旧工兵隊作業場・陸軍火薬庫の跡があり、昭和二十七年、東京都はその跡地約十四万坪の払い下げを受けた。そして鉄筋コンクリート都営住宅を建設。その近くの郷という所に桐の木がたくさん植えられてあったのでその小学校を桐ヶ丘郷小学校とした（桐ヶ丘三五年史）。桐ヶ丘一、二丁目、赤羽台一、二丁目の高層団地を合わせると、何百棟という広大な都営団地となっている。現在、桐ヶ丘一～二丁目までである。

6 上十条《かみじゅうじょう》

十条とは古代条里制の耕作地の名前である。十本の畔道《あぜみち》に区切った所をいう。現在、上十条一～五丁目、中十条、東十条などある。

地名NOTE

条里制にちなむ地名はいくつかある。たとえば、①市ノ坪・一ノ坪・坪ノ内など　日本各所にあり。なお、一坪は現在の三千六百坪。②大縄《おおな》　神奈川県海老名市河原口字一大縄《いちおおな》～五大縄など。

7 豊島《としま》

豊島区の区名もそうだが、この豊島も広い範囲で豊島といわれた。その由来は古代から多くの島々があったことによる（和名類聚抄）。昭和七年、王子区の成立で、東京市王子区豊島町となった。豊島七丁目の隅田川べりに清光寺という寺がある。この寺は豊島清元開基の寺という（北区史・小田原衆所領役帳）。

現在、豊島一～八丁目までである。

8 王子本町《おうじほんちょう》

平安時代末期、岸村と呼ばれていた時代に、この地を開拓した豊島氏が和歌山県新宮市（紀州）の熊野速玉大社の若一《にゃくいち》王子を分霊してまつった。その王子神社は、王子本町一丁目にある。王子一丁目に紙の博物館などあり。現在、王子本町一～三丁目、王子一～六丁目までである。

9 堀船《ほりふね》

昭和七年、王子町の大字・堀之内の「堀」と船方（現堀船四丁目）の「船」を合成して成立した（堀船郷土史）。なお、堀船小学校と中学校は「ほりふな」と発音させている。現在、堀船一～四丁目までである。

10 滝野川《たきのがわ》

この地を流れる石神井川《しゃくじいがわ》が滝のように急で、とどろいていたのでそういう。現在、滝野川一～七丁目までである。石神井川流域（滝野川）は観光地として開発され、飛鳥山の桜や滝野川の紅葉が有名。また、特産品には滝野川ニンジン等がある。

11 西ヶ原《にしがはら》

一六世紀半ばに編まれた『小田原衆所領役帳』に江戸平家ノ内西原とある。古来、同地域の中

西ヶ原一里塚

心地だった中里村・上中里村の西の方にある原野というのがその由来（北区史）。また、平塚明神社の西の方だからという説もある（北区社会教育課）。現在、西ヶ原一〜四丁目までである。

12 昭和町《しょうわまち》

昭和五年に新しく成立したのでそういう。もとは滝野川町大字中里だった。滝野川区から現在の北区へ引き継がれた（北区史）。現在、昭和町一〜三丁目までである。

13 田端《たばた》

由来は町名が示す通り、田のかたわらである（北区史）。永禄年間（一五五八〜七〇年）、太田新六郎寄子の領地で「田端在家」とある（小田原衆所領役帳）。江戸時代には「田畑」と書いてあるのが多く見られるが、田の端が正しいであろう（江戸紀聞）。現在、田端一〜六丁目、田端新町一〜三丁目までである。

10 文京《ぶんきょう》区

昭和二十二年、二区（小石川・本郷）が合併して成立。

区名の由来

東京新聞が一般公募したが結着がつかず、両区職員対象で募集し、「文京」が採用されたという（文京区史）。

❶本駒込《ほんこまごめ》
❷千駄木《せんだぎ》
❹白山《はくさん》
❺根津《ねづ》
❻弥生《やよい》
❽西片《にしかた》
⓭本郷《ほんごう》
⓯春日《かすが》
⓰湯島《ゆしま》
⓲後楽《こうらく》

文京区MAP

❸千石《せんごく》
❼大塚《おおつか》
⓫小石川《こいしかわ》
❾目白台《めじろだい》
❿音羽《おとわ》
⓬小日向《こひなた》
⓱関口《せきぐち》
⓮水道《すいどう》

文京区内の主要町名・小名

1
本駒込《ほんこまごめ》

この地名は古く、日本武尊《やまとたけるのみこと》が高台から味方の駒の立場が狭いのを見て、「駒込みたり」と言ったことによる（江戸砂子説）。また、日本武尊が駒が集められて、繋がれているのを見て「駒ごみたり」と言ってから駒込林というようになったという説もある（御府内備考）。江戸時代に描かれた正保国絵図にも「駒込村」の記載あり。現在、本駒込一～六丁目まである。

2
千駄木《せんだぎ》

古くはこの地は雑木林で、一日に千駄も薪を伐り出したという説がある。また、太田道灌が植えた栴檀《せんだん》の林があったという説もある（以上、江戸砂子・新編武蔵風土記稿）。現在、千駄木一～五丁目まである。夏目漱石（一八七六～一九一六年）は当地に住み、『坊っちゃん』『草枕』などを書いた。漱石文学の発祥地といえる。近くには高村光太郎、宮本百合子も住んだ。

3
千石《せんごく》

昭和四十二年の住居表示でできた町名。町の南部を流れる千川の「千」と、その地区名・小石川の「石」を合成し命名。現在、千石一～四丁目までである。

4 白山《はくさん》

昭和三十九〜四十年に指ヶ谷《さすがや》町などが集まり、白山となった。地名の由来は、五代将軍綱吉が屋敷に設けた白山神社による。その神社は現在、白山五丁目に移されている。白山御殿町は明治二十四年誕生。幕府の小石川薬園は白山三丁目、小石川植物園は、元小石川養生所のあった所である。五丁目に東洋大学あり。現在、白山一〜五丁目までである。

5 根津《ねづ》

この地名の由来は、諸説混沌として、はっきりしない。

1 諸神の番神の不寝《ねずごんげん》権現（江戸名所記）。
2 大黒天の使者が鼠《ねずみ》であったから（江戸砂子・御府内備考）。
3 この地が岡の根にあり、湊《みなと》に舟が泊まる所を示している（新撰東京名所図会）。

3の説が有力。理由は、地名由来の八〇%は自然地形名。また、社地門前町（須賀町、清水町）などから想定できる。いずれにしても、根津権現（根津神社）に関係あり。現在、根津一〜二丁目までである。

6 弥生《やよい》

語源的には弥栄と同じで、「いよいよ栄える」という縁起のよい二字熟語である。考古学的には弥生式土器である。明治十七年、この地の貝塚から発見された弥生式土器から命名した。現在、弥生一〜二丁目まである。

地名NOTE

「弥栄」とつく地名は全国で数十ヵ所だが、弥生○○という地名になると百以上もある。古くから続く地名は、縁起のよい漢字二文字のものが多い。奈良時代、全国に国分寺を造らせた聖武天皇(七二四〜四九年)は、「地名は漢字二字で、しかも縁起のよい名を付けよ」と命じたとされる。

7 大塚《おおつか》

由来は大きな塚があったことによる。ただし、その数は色々。太田道灌が江戸城を築いたのは室町時代の長禄元年(一四五七年)。その頃、道灌は七ヵ所に物見塚を築いたという。そのほかに、谷中本行寺に一基、巣鴨の通玄院に一基(御府内備考)。現在、大塚一〜六丁目まであり。

8 西片《にしかた》

由来は西側の片町という意。片町というのは、通りの片側だけ町になっている所をいう。ここでは、中山道をはさんで西側が、明治五年、福山藩主・阿部氏が武家屋敷を一般に開放し、西片町ができた。東側は、昔からの百姓たちが訴訟を起こして居住を許され、駒込東片町ができた。現在、西片一～二丁目までである。

9 目白台《めじろだい》

三つほど説がある。

1 高台に目白不動・長谷寺があったことに由来。ただし、長谷寺は戦災を受け廃寺（ぶんきょうの町名由来）。

2 三代将軍家光が目黒に対し、目白と呼ぶべし、と言われた（江戸砂子）。

3 昔、白馬の名馬、白駒を馬白《めじろ》――目白という（南向茶話）。

現在、目白台一～三丁目までである。

地名NOTE

目白という地名は各所にある。そのうち、神奈川・目白山（湘南線）、埼玉・毛呂山町目白台は、めじろ（目白）という鳥が群がっていたことが由来とされる。

10 音羽《おとわ》

天和《てんな》元年（一六八一年）、五代将軍綱吉が、護国寺を建立。その門前に町屋を計画、貸家人がなく幕府は江戸城奥女中音羽に家をつくってやった。その名を町の名にしたという（御府内備考）。現在、その近くに講談社やその系列出版社の光文社などあり。また、護国寺からの音羽通りは徳川家の御成道だった。現在、護国寺領域には音羽ゆりかご会の川田正子の音楽事務所あり。音羽一～二丁目まである。

11 小石川《こいしかわ》

小石まじりの川が流れていたことが由来（江戸砂子）。現在、小石川一～五丁目まである。現在、白山三丁目になっている小石川植物園は元小石川薬園で、その一角に小石川養生所があった。後楽一丁目にある小石川後楽園は、寛永六年（一六二九年）に水戸藩主・徳川頼房の上屋敷となった。昭和十一年、砲兵工廠移転した跡地に後楽園スタヂアムが開設した。

12 小日向《こひなた》

昔、鶴高日向《ひゆうが》という人の領地で、家が絶えた後、「古日向《こひゆうが》のあと」といったのを、いつの頃からか「こひなた」というようになった（御府内備考）。平安時代の初めに、武蔵国豊島郡七郷の一つに、日頭《ひのと》という地名がある。これが小日向を指すのだろう（和名類聚抄）。永禄二年（一五五九年）、興津加賀守二貫九百四十六文、小日向分、小日向屋敷分、小日向弾正屋敷などの記載もある（小田原北条役帳）。以上、三説を要約したが、いずれにしても古くからある地名である。現在、小日向一〜四丁目までである。

13 本郷《ほんごう》

本郷とは、近郷、近在で一番早く人々が住み着いた所、という意味で、全国至る所にある地名である。ここの本郷は、元は湯島の中に含まれていたので「湯島本郷」というべきところを省略したものである。のちに湯島と本郷は別の地名となった(御府内備考)。寛文年間(一六六一〜七三年)には、すでに本郷一丁目〜六丁目の町に分かれていた。現在、本郷一〜七丁目までである。加賀百万石の東大赤門前の寺墓に、佐藤紅緑、金田一京助、久保田万太郎など眠る。東大赤門前に堀口大学が生誕。

14 水道《すいどう》

徳川家康は水道敷設《ふせつ》を命じた。これをきっかけに付けられた名前である。

1 神田上水 天正十八年(一五九〇年)/2 小日向水道 承応年中(一六五二年〜)/3 金杉水道町 明暦二年(一六五六年)頃/4 関口水道町 正保元年(一六四四年)。現在、水道一〜二丁目までである。

15 春日《かすが》

春日町の由来は三代将軍家光の乳母・春日局《かすがのつぼね》が寛永七年(一六三〇年)、原野だったこの地に居宅を構えたから。古くは春日殿町といった。現在、春日一〜二丁目までである。

16 湯島《ゆしま》

平安時代の『和名類聚抄《わみょうるいじょうしょう》』に豊島郡湯島郷と書かれ「ゆしま」と仮名がふってある。古い地名である。その由来は、

1 昔、温泉が出たから(文政町方書上)。

2 確証がないので、断ずることはできない(新撰東京名所図会)。

3 湯島天神付近から温泉が湧いて「湯島」と呼ばれたという説。

など諸説あるが、はっきりとしない。現在、湯島一〜四丁目までである。

17 関口《せきぐち》

由来は堰《せき》を造ったことによる(御府内備考)。水源は井の頭池で、大滝橋付近に天正十八年(一五九〇年)頃、大洗堰を造り、神田・日本橋方面に給水した。昭和八年にその堰はなくなった。現在、関口一〜三丁目までである。三丁目二丁目には明治・大正の軍人、政治家・山形有朋の別荘「椿山荘」あり。三丁目には詩人、佐藤春夫の居宅がある。

18 後楽《こうらく》

寛永六年(一六二九年)に水戸初代藩主・徳川頼房の上屋敷となる。現在の後楽園庭園は、その外苑部である。後楽の由来は中国・宋《そう》の学者、氾文正の著書の中の語、「士は天下の憂に先んじて憂い、天下の楽に**後**れて**楽**しむ」から採った。現在、後楽一〜二丁目までである。

11 千代田ちよだ区

昭和二十二年、二区（神田・麹町）が合併して成立。

区名の由来

旧両区にとってシンボル的存在である宮城（元・江戸城、千代田城）「千代田」が文字もやさしく、言葉の響きもよいので区名となった（千代田区史）。

❶外神田《そとかんだ》
❷佐久間町《さくまちょう》
❸駿河台《するがだい》
神保町《じんぼうちょう》
❹
❺岩本町《いわもとちょう》
❻小川町《おがわまち》
❽紺屋町《こんやちょう》
❾鍛冶町《かじちょう》
❼多町《たちょう》
⓭雉子町《きじちょう》
⓯竹橋《たけばし》
❿美土代町《みとしろちょう》
⓰大手町《おおてまち》
⓳丸の内《まるのうち》
㉔有楽町《ゆうらくちょう》

千代田区MAP

⑪飯田橋《いいだばし》
⑫九段北《くだんきた》・南《みなみ》
⑭一番町《いちばんちょう》
⑰麹町《こうじまち》
⑱半蔵門《はんぞうもん》
㉓三宅坂《みやけざか》
⑳平河町《ひらかわちょう》
㉒隼町《はやぶさちょう》
㉑紀尾井町《きおいちょう》
㉕永田町《ながたちょう》
霞《かすみ》が関《せき》
㉖

千代田区内の主要町名・小名

1 外神田《そとかんだ》

度重なる大火で、神田の町々が当地に移転して来たことから、従来の神田地域に対して「外」であることから名付けられた俗称である（御府内備考）。現在、外神田一～六丁目までである。

地名NOTE

野村胡堂《こどう》の小説『銭形《ぜにがた》平次捕物控』の銭形親分は、神田明神の下の低い所に住んでいた、ということになっている。神田明神の裏手に、銭形平次の碑と子分の八五郎の碑が並んである。

2 佐久間町《さくまちょう》

佐久間平八という者が代々この地で材木問屋を営んでいたことに由来する。江戸城築城の時から建築用材を供給したという（東京案内）。神田川を利用して材木を販売した。現在、神田佐久間町一～四丁目までである。

3 駿河台《するがだい》

この町名の由来は、小川が高台から低地へと、すばやく流れ落ちていく、という意味である。儒学者の新井白石は、駿河台の由来について、次のように説明している。

「神田山へ家康死後、駿府《すんぷ》にいた家来たちが集まって来たので、神田山を駿河台というようになった」

広辞苑（六版）も、この新井白石説を掲載している。しかし、家康が死んだのは、元和二年（一六一六年）。駿河台という地名は家康が死ぬ十年ぐらい前からあった（新撰神田誌・江戸名所図会）。従って、静岡県中東部の「駿河」とこの「駿河台」は直接関係ない。現在、神田駿河台一～四丁目までである。

地名NOTE

駿河台という地名は各所にある。次に挙げる例は、いずれも高台から低地へとすばやく流れ運ぶ川から来ている。

1神奈川県大和市上草柳駿河台／2埼玉県入間郡上駿河駿河台・下駿河駿河台／3千葉県船橋市駿河台一・二丁目／4千葉県八街市八街駿河台／5埼玉県葛飾郡中野村駿河台

4 神保町《じんぼうちょう》

神保は神田・神戸のような意で神社の所属地をいう。この地の町名由来としては、多くの辞典は「神保長治の人名説」を採用している。現在、神田神保町一～三丁目まである。

〔類例〕
1 神奈川県厚木市下荻野神保
2 千葉県船橋市神保町
3 群馬県高崎市吉井町神保
4 大阪府堺市堺区神保通り

（他割愛）

地名NOTE

神保町といえば、古書店街を連想する。明治になると、日本大学、専修大学、駿河台の明治大学など多くの学校ができ、古書店が軒を連ねはじめた。その理由は前記の学生たちが参考書などを、使っては売るということをくり返していたからである。毎年、秋の読書週間には「神田古本まつり」があり、人と本の山ができ、にぎわいが頂点に達する。

5 岩本町《いわもとちょう》

駿河台の高地から流れる神田川は、砂・小石まじりの須田村を過ぎ、さらに低いこの地の土手（柳原通り）は岩場が露出した。「岩場」から岩本町という名前が付けられた。現在、岩本町一～三丁目までである。

地名NOTE

江戸時代、初期の武家屋敷は中期頃、町人の住む町となった。この柳原土手に古着の露天商が並んだが、大正の大震災で取り払われ、時代の流れで古着から洋服、既製服問屋へと変わっていき、戦後、洋服の生産地となった（岩本町三丁目の町名由来板）。

6 小川町《おがわまち》

江戸城を築いた太田道灌の歌「むさし野の小川の清水たえずして岸の根岸をあらいこそすれ」の「小川の清水」に由来する（新撰東京名所図会）。古くは、鷹匠が住んでいたので元鷹匠町といい、元禄六年（一六九三年）に小川町と改称。現在、神田小川町一～三丁目までである。

7 多町《たちょう》

神田とは伊勢の大神宮に稲の初穂を奉納する「御田」があったから。多町は元は各地にある「田町」といったが、「多町《たちょう》」と改めたという（東京名所図会）。現在、神田多町二丁目だけである（二丁目は内神田に統合された）。

8 紺屋町《こんやちょう》

慶長年間（一五九六～一六一五年）に町ができた時、このあたりに染物屋が多く住みだしたことに由来するという（東京案内）。ちなみに、古典落語には「紺屋高尾」の話あり。吉原遊女・高尾を見染めた染物職人が身受け、夫婦となる。高尾の美貌と職人の努力で染物屋大成功！　というものだ。

現在、神田紺屋町は単独町名、丁目はなし。

9 鍛治町《かじちょう》

幕府の鍛治方があったことがその由来。慶長八年（一六〇三年）に、この町名ができる。文政七年（一八二四年）には、刃物や釘などの卸売業者がいた（江戸買物独案内）。戦後復興期には、家庭金物店、建築金物店などで、「神田金物通り」として、にぎわっていた。今でも、「金物通り」は金物屋がならんでいる。現在、鍛治町一～二丁目までである。一丁目にはかつて今川橋があった。そこには「今川焼き」の発祥地という。

10 美土代町《みとしろちょう》

町名の由来は次のように分解される。「美」は御に通じ、「土」はつち、「代」は田んぼという意で、たんぼを作ることを「代《しろ》を掻《か》く」という。これは、伊勢神宮に奉納する稲の初穂を作る田という意になる。つまり、神田美土代町というと意味のダブリ（重複）になる。「神田」も「美土代」も同じ意味である。明治二年まであった武家屋敷を同五年に整理し、「美土代」とした。現在、神田美土代町は丁目はなし。

地名NOTE

江戸時代、この町には冬の風呂上がりに着る「丹前《たんぜん》」の起源となった「丹前風呂」があった。この語源は次のようになる。美土代町の少し北に堀丹後守《ほりたんごのかみ》の屋敷があり、その前、すなわち「丹前」に湯女を大勢使っている風呂屋があった。そこに出入りする旗本役人・町人などが着ていた綿入れ半纏《はんてん》を「丹前」という（風俗明治東京物語）。

11 飯田橋《いいだばし》

由来は小高い丘の下の稲田をいう。その上に橋が架けられていたので、飯田村のその橋が町名となったものである。家康の関東入国の頃、住人飯田の喜兵衛に名主として飯田町と名乗るように命じたという（求涼雑記）。現在、飯田橋一～四丁目まである。

12 九段北《くだんきた》・南《みなみ》

石垣を九段《きゅうだん》に築き、江戸城に勤務する役人の屋敷を作った、というのがその由来である。現在、靖国通りを境に九段北一～四丁目、九段南一～四丁目に分かれている。日本大学、東京理科大学、白百合学園などの学校や大村益次郎像などあり。

13 雉子町《きじちょう》

慶長十二年（一六〇七年）、朝鮮の使節が江戸へ来た時、朝鮮雉子《きじ》を持って来たのがその由来。昭和十年、付近の町と合併し、雉子町名はなくなった。なお、日本の国鳥は「雉」で、古来から日本各地に分布し、崇拝され、雄はケンケンと鳴く。朝鮮雉子の雄は大きなきれいな声で「チョコホイ、チョコホイ」と、けたたましく鳴く。「雉子も鳴かずば打たれまい」という句があるが、これは、「無用のことを言わなければ禍いを招かないですむ」ことのたとえである。

14 一番町《いちばんちょう》

「番」は「ナンバー」という意味ではなく、江戸城防衛に当たる「番兵」にちなむ。江戸時代、ここは戦闘集団の屋敷が並んでいた。現在、一番町～六番町までである。また、以前は裏一番、二番というのもあった。

15 竹橋《たけばし》

由来は天正年間（一五七三〜九二年）に皇居内堀に竹を編んで渡したことによる。現在、町名としては使われていない。

地名NOTE

竹橋騒動――明治十一年、近衛兵《このえへい》（三百人）が西南戦争の論功行賞、給料減額の不満で起こした事件。五十三人が処刑された。

16 大手町《おおてまち》

江戸城本丸大手門の前にある町というのが由来。大手とは城の正面、表門。ここには幕府の要職の大名や親藩の上屋敷が建ち並んでいた（御府内沿革図書）。明治五年、大手町、道三町、銭瓶《ぜにがめ》町、永楽町、元衛町などが作られたが、その後、ほとんどが他の町に吸収された。現在、大手町一〜二丁目まである。

17 麴町《こうじまち》

由来は天正年間（一五七三〜九二年）、麴を造る家が数戸あったことによる（新撰東京名所図会）。麴町の由来には他の説もある。町内に「小路《こうじ》」が多かったのでそういう（麴町二丁目の千代田区町名由来板）。江戸時代、麴町は一〜十三丁目まであり、昭和九年に一〜六丁目となり、現在、麴町一〜六丁目まである。なお、この町内に劇作家の岡本綺堂（一八七二〜一九三九年）が住んでいた。綺堂父は明治時代に英国公使館に務めていたので、英語の知識があった。

18 半蔵門《はんぞうもん》

三重県北部・伊賀市上野の槍の名人、服部半蔵の人名から採った名。家康が江戸城に入る時、半蔵にこの門の警備を命じたという。江戸城の門は、大手門のような大門六、諸門六十、二之曲輪《くるわ》外曲輪の半蔵門など二十六。この合計で九十二門という。また、このほかにあやしき賊を見つけ出す四谷見附、赤坂見附など、俗に三十六見附といわれた。現在、半蔵門は町名になっていない。

19 丸《まる》の内《うち》

堀で囲まれた内側で、城の内側という広い所というのが由来。曲輪（城郭）ともいう東京駅の皇居側で、反対は八重洲である。昭和四年に町名となり、現在、丸の内一丁目から三丁目までである。地方には堀の内といって、城のまわりの広範囲の所をいう。

20 平河町《ひらかわちょう》

由来は平河（平川）天神である。同天神は、移りに移り、転々としてきた。

1　文明十年（一四七八年）、太田道灌、川越三芳野の天神を江戸城内に移す。

2　家康江戸城入城後、本丸修築のため、慶長十二年（一六〇七年）に移転。

3　元平河町に移された天神は、神田平川町から麴町平川町に移転。麴町平河町の一部は火除地として幕府から召し上げられた（江府名勝志・御府内沿革図書・千代田まち辞典・平川天神前・由緒略記）。

現在、平河町一〜二丁目までである。

21 紀《き》尾《お》井《い》町《ちょう》

紀伊藩、尾張藩、彦根藩・井伊家の「紀」と「尾」と「井」から合成した町名（新撰東京名所図会）。幕末の安政三年（一八五六年）の江戸切絵図に紀尾井坂が見える。紀尾井町名は明治五年にできたので、坂の方が先にあったことになる。紀尾井町には現在、近代的なスカイスクレイパー、プリンス・ホテルやホテル・ニューオータニなどが天空にそびえている。現在、丁目はなし。

地名NOTE

紀尾井町の合成名に似たのに、現在岩手県雫石《しずくいし》町に小岩井農場がある。「小岩井」は、創始者の小野義真、岩崎弥之助、井上勝の三人の頭文字から採ったものである。

22 隼町《はやぶさちょう》

由来は鷹《たか》狩りの時の主役、隼《はやぶさ》という鳥のことである。昔、武家地であったのを明治五年、隼町とした（東京案内）。総称鷹《たか》の鷲《わし》は大型だが、隼はカラスぐらいの大きさである。明治以降、隼にちなんで陸軍航空本部を設置した。現在、丁目はなし。

23 三宅坂《みやけざか》

江戸時代、この地に三河の国田原藩（愛知県田原市）の三宅御殿様の上屋敷があったことに由来する。現在、三宅坂は町名になっていない。

地名NOTE

三宅家の屋敷内の高台で生まれた蘭学者の渡辺崋山（一七九三〜一八四一年）は、天保二年（一八三一年）秋、三宅坂から相模の厚木まで行脚し、四泊五日の紀行文「游相日記」（絵付き）を書いた。天保時代の村々の絵や文は貴重なものとなっている。

24 有楽町《ゆうらくちょう》

この町の元の由来は、織田有楽斎《うらくさい》による。織田信長の弟で茶人としても有名。慶長五年（一六〇〇年）、徳川家康は石田光成らを関ヶ原（岐阜県南西）で破り、征夷大将軍となって江戸幕府を開いた。有楽斎は家康方に付き、数寄屋橋御門の近くに屋敷を与えられた。そこを「有楽原《うらくばら》」と呼んだ。数寄屋橋の語源は有楽斎の茶室という意味。明治五年に有楽町となり、現在は有楽町一〜二丁目までである。

地名NOTE

有楽町という地名は、歌や映画で有名になった。歌ではフランク永井の『有楽町で逢いましょう』。昭和二十七年にはラジオドラマ『君の名は』が大ヒットし、主演・佐田啓二と岸恵子で映画化。さらにその数年後にテレビドラマ化された。

25 永田町《ながたちょう》

由来は永田馬場があり、永田姓の旗本が軒を連ねていたことによる（江戸砂子・新編江戸志）。延宝年間（一六七三〜八一年）には「永田町」とあり、永田善次郎・永田庄八の名がある。同じ延宝年間の絵図や寛文図をみると山王社門前に永田善十郎、清兵、庄治などの屋敷が並んでいる（岩井良衛『江戸町づくし稿』・御府内沿革図書）。明治五年から、永田町一〜二丁目となり、現在に至る。

地名NOTE

他県の例から見ると、永田町は、元は長田町といい、細長い田があったという自然地形名になっている。また、在名、在苗といって、外から移り住んだ者はその土地の名を使ったり、苗字を使わなければならない。相模国分寺のある海老名市の例を挙げると、「海老名四郎左ヱ門」、「国分有季」などがそうである。以上の観点から考察すると、千代田区永田町は、弁慶堀の所から細長い小名長田があったのかもしれない。善次郎、庄八もその在苗を用いたのだろう。

26 霞《かすみ》が関《せき》

中世からの奥州街道の関所跡という説が広く知られていた（江戸砂子・江戸名所図会・江府名勝志）。延宝年間（一六七三～八一年）の江戸切絵図には、すでに「霞ヶ関」の記載があった（御府内沿革図書）。現在、霞が関一～三丁目まである。

12 港《みなと》区

昭和二十二年、三区（麻布・赤坂・芝）が合併して成立。

区名の由来

「城東区」「東港区」の中から単に「港区」とし、東京湾による区の発展を願ったという（港区史）。

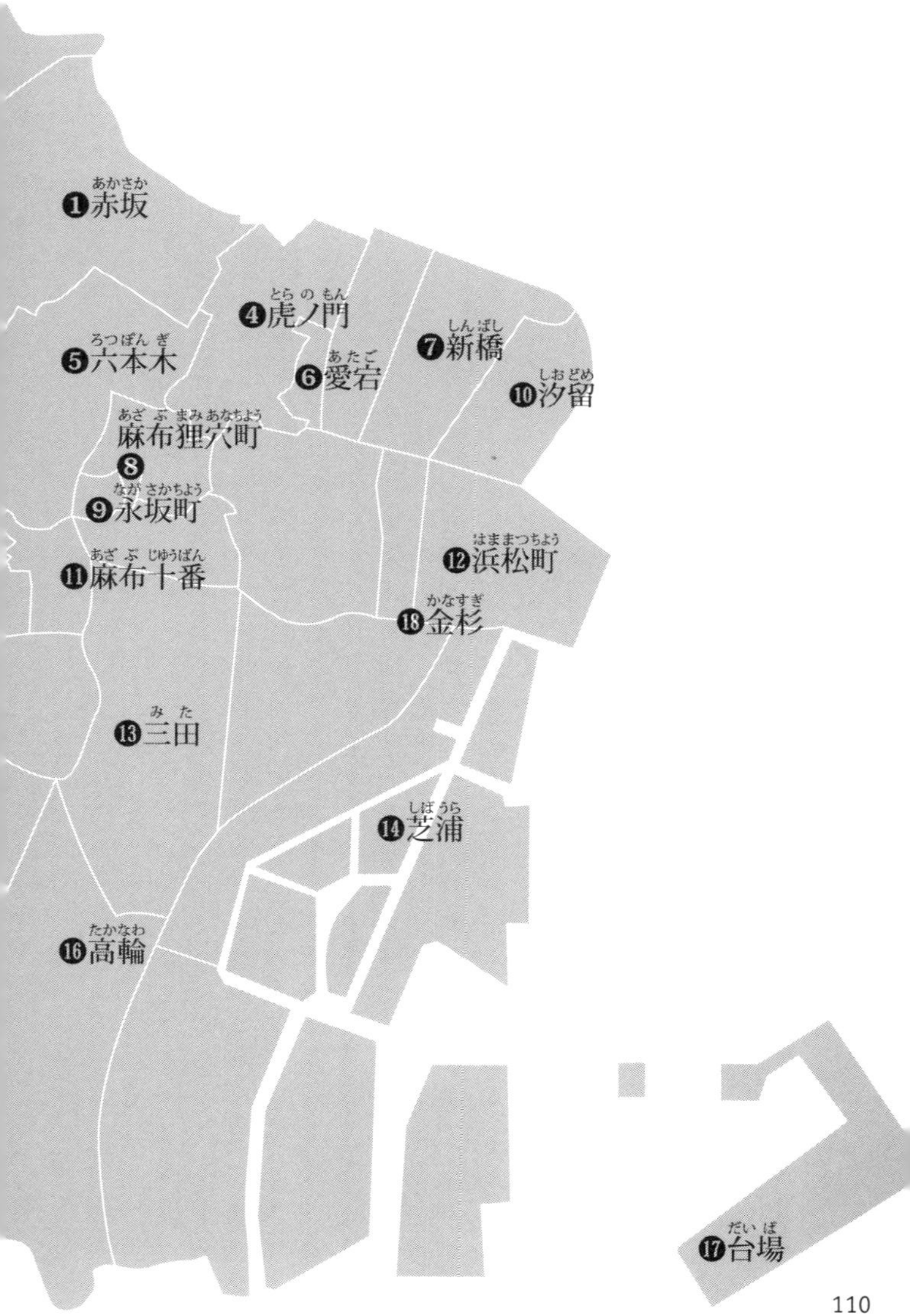
❶赤坂《あかさか》
❹虎ノ門《とらのもん》
❺六本木《ろっぽんぎ》
❻愛宕《あたご》
❼新橋《しんばし》
❿汐留《しおどめ》
麻布狸穴町《あざぶまみあなちょう》
❽
❾永坂町《ながさかちょう》
⓬浜松町《はままつちょう》
⓫麻布十番《あざぶじゅうばん》
⓲金杉《かなすぎ》
⓭三田《みた》
⓮芝浦《しばうら》
⓰高輪《たかなわ》
⓱台場《だいば》

港区 MAP

❷北青山 きたあおやま

❸南青山 みなみあおやま

⓯白金 しろかね

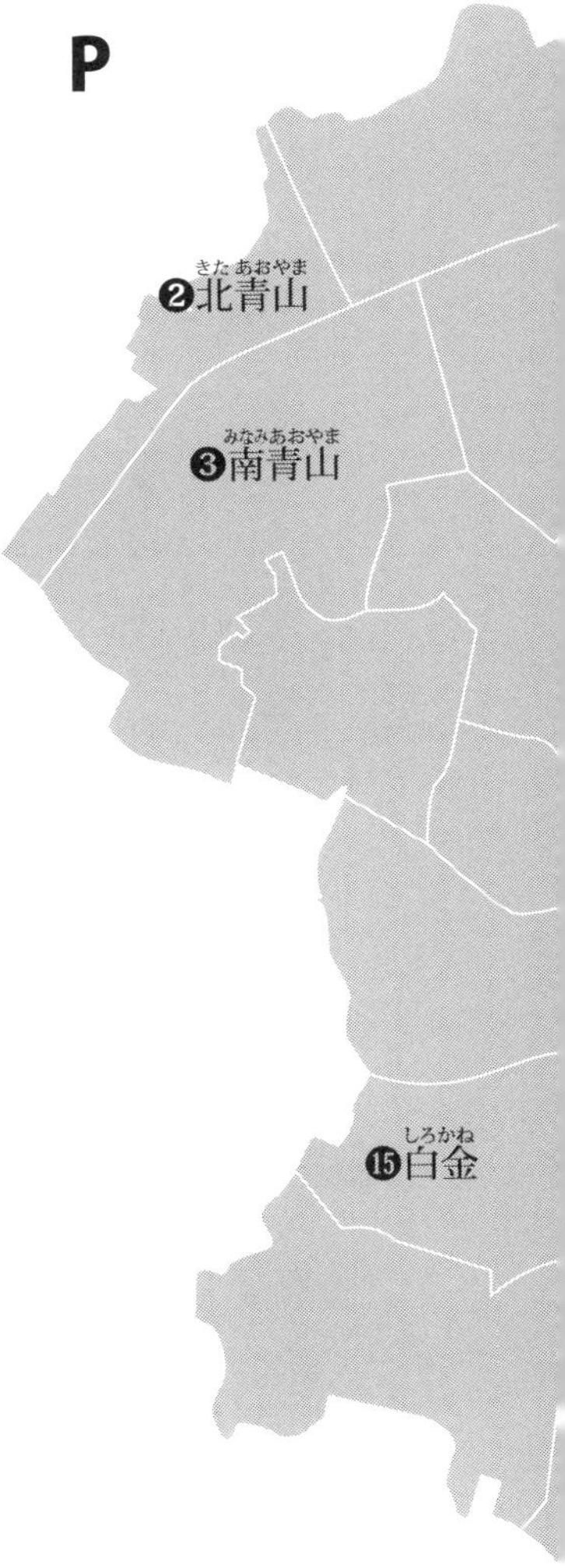

港区内の主要町名・小名

1 赤坂《あかさか》

明治時代までは、一ツ木村の小名であった。地名の由来は赤土の坂。どこにでもある地名である。赤羽も、他説も二、三あるものの、赤埴で赤土という意味。現在、赤坂一～九丁目までである。

2 北青山《きたあおやま》

由来は、天正十九年（一五九一年）に青山忠成が家康から拝領した広大な屋敷があったことによる。現在、北青山一～三丁目までである。地下鉄半蔵門線・外苑前、表参道などあり。二丁目に秩父宮ラグビー場、三丁目には善光寺がある。

3 南青山《みなみあおやま》

青山通りを境に、北青山と南青山に分かれている。現在、南青山一～七丁目までである。二丁目の青山霊園には、吉田茂をはじめ大勢の有名人、忠犬ハチ公の墓まである。同じく二丁目の外苑前の近

青山家累代の墓

くには梅窓院があり、青山家累代が眠る。青山家は岐阜の郡上藩主。その縁で、例年六月には青山の地で「郡上おどり」が盛大に行われる。

4 虎《とら》ノ《の》門《もん》

かつてこの地は江戸城の外郭門であった。その門は明治六年に撤去。昭和二十四年、虎ノ門という町名になる。由来は諸説あり。

1 四神説の江戸城右、白虎の方角にあったから(御府内備考)。

※白虎隊は会津城の白虎の方角というところから付いた名前。

2 「千里行くも千里を帰る」虎にちなんだという(新編江戸志)。

3 門内の内藤屋敷にある「虎の尾」という桜の木から(風俗画報)。

現在、虎ノ門一～五丁目までである。

5 六本木《ろっぽんぎ》

文政十一年(一八二八年)、六本木町から幕府に提出した書に、

1 往古、松の大樹があったから(御府内備考)。

2 諸大名屋敷(上杉・朽木・高木・青木・片桐・一柳)があったから(遊歴雑記)。

と、由来が記されている。現在、六本木一～七丁目までである。

6 愛宕《あたご》

標高二十六メートルの山の頂上に「火防の神」である愛宕神社があったから。本宮は京都市右京区愛宕神社。NHKの前身である東京放送局が

あり、大正十四年、愛宕山頂で日本初となるラジオ放送が開始された。現在、愛宕一〜二丁目まである。東京放送局の跡地には、昭和二十年、敗戦のショックで集団自決した人々の弔魂碑もある。

7 新橋《しんばし》

江戸城の外堀にあった橋名に由来する（町方書上）。昭和七年に汐留町、二葉町など十一町が統合して、新橋一〜六丁目となり現在に至る。新橋駅前には蒸気機関車、「汽笛一声新橋を〜」の鉄道唱歌の碑もある（注・当時の新橋駅は現在の汐留貨物駅）。

8 麻布《あざぶ》狸穴《まみあな》町《ちょう》

「麻布」と「狸穴」に分けて説明しよう。

麻布とは——阿佐布、麻生、浅府と書き、三文字の地名は戦国時代、二文字は古代（奈良・平安時代）か江戸時代以降というのが通念。「阿佐布」の初見は、戦国期永禄九年（一五六六年）北条氏が阿佐布善福寺（現・元麻布一丁目）に掟（おきて・とりきめ）を出す（東京市史稿）。「麻生」は、①相模・武蔵の地名語源である苧《からむし》が自生していた（根のいも）、②麻は春分に種をまき秋分に刈り

新橋駅西口の機関車公園

取る習い。両方とも草丈二m以上にもなり、さらした製品はほとんど区別がつかない。これらを府中に献上する。東京の調布、川崎市の麻生も同じく献上した。栽培管理は地元の寺社が行った。

狸穴とは——色々な書物に色々なことが書かれているが……。マミとはママ(間々、大間)で崖のことを指す。その崖地に穴を掘って、この穴に穴熊《あなぐま》(タヌキ、ムジナ、キツネ)が棲みついている。外敵から身を守るために急な崖地を選ぶ(神奈川県の地名)。昔からこの地域に穴熊が生息していたのだろう。現在、麻布狸穴町は丁目なし。

9 永坂町《ながさかちょう》

文字通り長い坂があったからそういう。南北に走る長い坂は、飯倉永坂から狸穴を通り、永坂町までの長い長い坂である。現在は、麻布を冠し麻布永坂町となっている。丁目はなし。

10 汐留《しおどめ》

江戸時代、この地は海水がざぶんざぶんと入ってくるアシの沼地だったが、明治になると海は堤防で仕切られ、埋め立てられた。海水・汐は止められ「汐留」となった(町方書上)。明治五年、汐留町は鉄道用地となり新橋駅となった。わが国最初の鉄道開通式がここで行われた。現在、町名としては使われていない。

地名NOTE

「しおどめ」を「塩留」と書く場合も見られるが、地名漢字は多種多様。たとえば、「つるまき」で十数種、「かいと」ともなると約四十種類ある。

11 麻布十番《あざぶじゅうばん》

元禄十一年（一六九八年）、白金御殿を建築の時、土運び人足が一番から十番に編成され、この地域の人々が十番目に当たっていたことに由来するという（御府内備考）。十番という町名はいっとき消えるが、昭和三十九年から復活。現在、麻布十番一〜四丁目までである。江戸期から評判で、大田南畝《おおたなんぽ》も訪れた永坂更科そば屋の脇に十番由来碑が建っている。

12 浜松町《はままつちょう》

元禄九年（一六九六年）、遠江国（静岡県）浜松出身の権兵衛がこの地の名主役を勤めたのが由来である（御府内備考）。以前はこの地の名主は久右衛門だったので、「久右衛門町」といった。他県では考えられない地名の変化である。慶応四年（一八六八年）、福沢諭吉の塾はこの地に移り、慶応義塾と称した。明治四年、三田へ移転。現在、浜松町一～二丁目までである。

13 三田《みた》

平安時代の『和名類聚抄』には「御田」と記されている。三田の由来は、伊勢大神宮へ奉納する神田があったから（史書）。永禄年間（一五五八～一五七〇年）、「江戸三田」が見える（小田原衆所領役帳）。「御田」「三田」は広範囲で港区だけに限らない。現在、三田一～五丁目までである。

14 芝浦《しばうら》

「芝」の由来は二説ほどある。一説は、芝が多く生えていたから。もう一説は、この地は海に近く、木の小枝を並べて海苔をとっていた。その小枝のことを柴あるいは篊《ひび》という。『御府内備考』では最初の「芝生」説だけで、あとは否定している。だが、江戸初期には「柴村」が確認できるので、第二説の方が有力だろう。芝浦の「浦」とは、海が陸地に入り込んだ所。江戸時代後期の古文書で芝村・柴村も確認できる（御府内備考）。現在、芝浦一～四丁目までである。

15 白金《しろかね》

町名由来は南北朝時代（一三三六～九二年）、白金長者・柳下上総助の館跡があったことによる。現在、白金一～六丁目、白金台一～五丁目までである。白金台五丁目には、国立白金自然教育園がある。土塁が現存するほか、亭等、色々な植物も紹介している。

16 高輪《たかなわ》

地名の由来は高い所のまっすぐな道という。「輪」は「縄」で測った道の意で、古代条里制の用語である。昔々、田んぼの道をつくるのに縄で測って区画した。その道は現在でも大縄《おおな》という。現在、高輪一～四丁目である。

地名NOTE

神奈川県海老名市に、海老名耕地と呼ばれる広大な田んぼがある。相模川の河原口まで大縄《おおな》が続き、番号が付けられている。一大縄～五大縄まである。

17 台場《だいば》

浜松町から海岸を通り、レインボー・ブリッジで海の上を通り「お台場」に入る。夏の楽園で花火祭などが非常に楽しいので「お台場」といつのまにか「お」が付いた。「台」の由来は、ペリー来航に備え、砲台を設置、防備の台。現在、台場一～二丁目まである。

18 金杉《かなすぎ》

現在、町名になっていないが、この地のほか、文京区、台東区、千葉や埼玉にも見られる地名。「金」は曲がった所、「杉」は川などに削られた所の意。「金曽木」ともいう。

13 品川しながわ区

昭和七年、品川区が成立、昭和二十二年、荏原区と合併し、品川区となった。旧区名をそのまま用いたのは、品川区だけ（品川荏原統合誌）。

区名の由来

対岸の二つの丘陵地を流れる川をいう。この区の北の方から南東に流れる目黒川（品川）をいう。「品川」の初見は古く、元暦元年（一一八四年）（田代文書）。目黒川の古名を品川と云し（南向茶話）。

類例

1 信濃（長野県）
2 信濃町（横浜市戸塚区）
3 品川（栃木県大田原市）他、各地に多数ある

品川区MAP

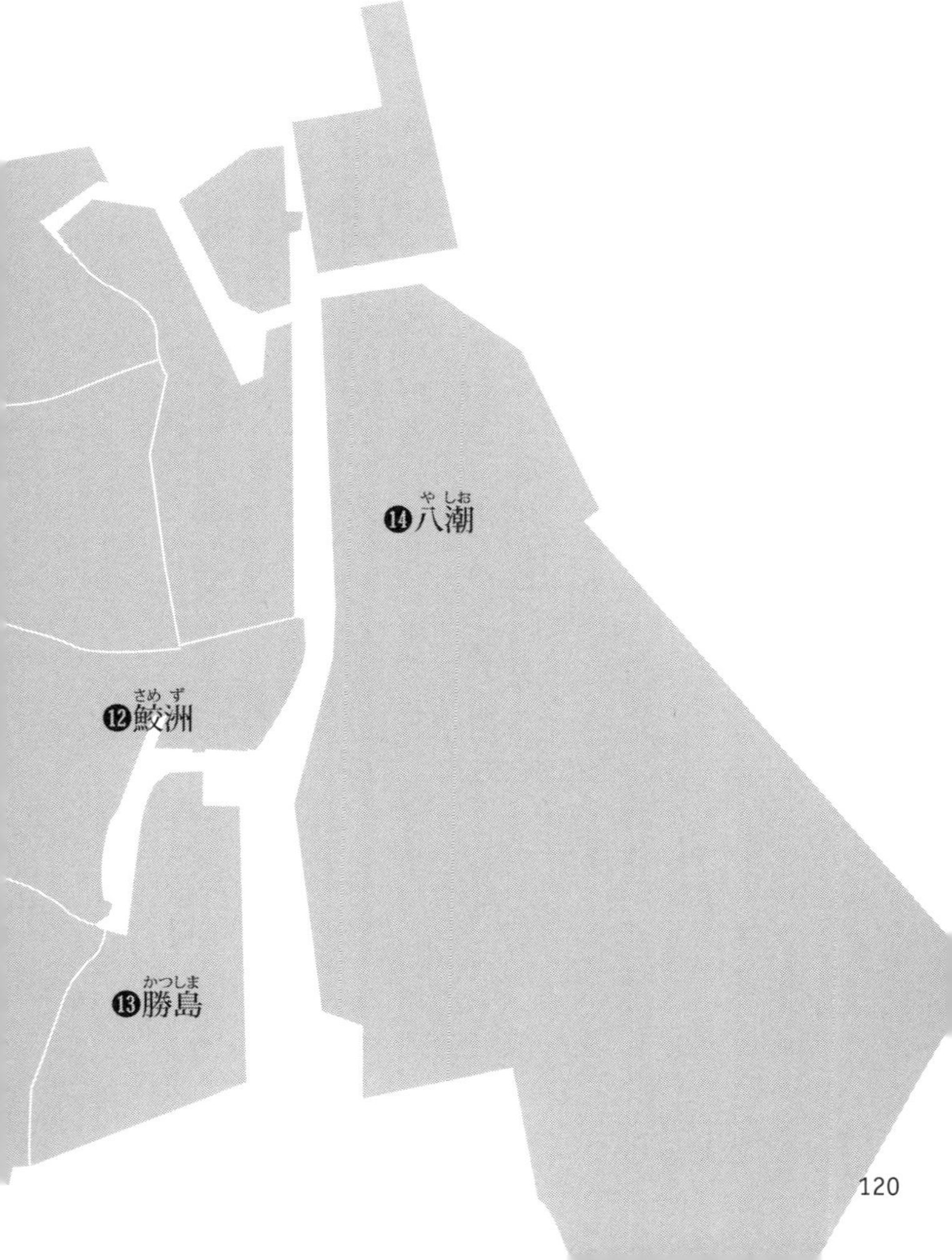

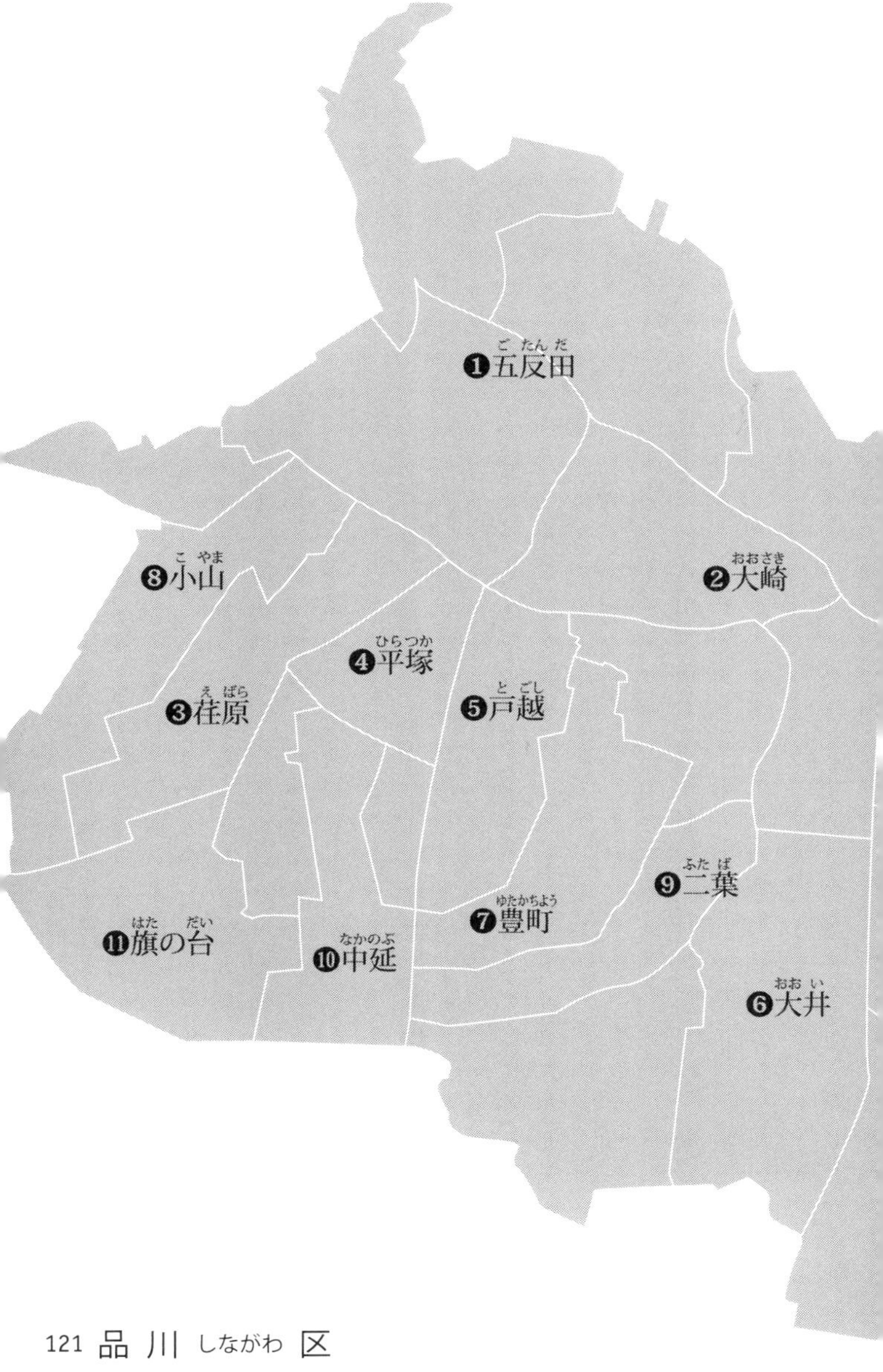
❶五反田《ごたんだ》
❷大崎《おおさき》
❸荏原《えばら》
❹平塚《ひらつか》
❺戸越《とごし》
❻大井《おおい》
❼豊町《ゆたかちょう》
❽小山《こやま》
❾二葉《ふたば》
❿中延《なかのぶ》
⓫旗の台《はたのだい》

品川区内の主要町名・小名

1 五反田《ごたんだ》

田の広さに由来する地名。全国各地にあり。一丁田、二丁三反田という半端なものも多くあり。ここは駅名になっているので有名である。現在は西五反田一〜八丁目、東五反田一〜五丁目まである。

地名NOTE

南品川五〜六丁目にかけて、ゼームス坂という名の坂がある。この名は、幕末の慶応二年（一八六六年）、元英国海軍大尉ジョン・M・ゼームスがこの坂に居住したことにちなむ。二十八歳で来日し、坂本竜馬らと知り合う。明治五年、日本の海軍省雇となり、勲二等を授与される。街人に愛された異人ゼームスは、明治四十一年、異国日本で死去した（東京地名考）。

2 大崎《おおさき》

昔、近くまで海が入り込んで、陸地・丘陵が大きく突き出た所をいうのがその由来であろう。現在、大崎一〜五丁目まである。

〔類例〕

1 山崎（東京都町田市など）

2 川崎（多摩川が海に注ぐ所）

3 岩崎（崖の先に岩が出ている。横浜市、栃木県など各地にあり）

3 荏原《えばら》

由来として、かつてこの地に一年草の荏胡麻《えごま》が生えていたからという説がある（武蔵風土記稿）。また、「荏田」や「江古田」は狭い所の湿田という意、荏原はその上の原を指す。現在、荏原一〜七丁目まである。

4 平塚《ひらつか》

当町は平塚街道沿いで道標となる町。「塚」には物見塚と街道の道標塚がある。道標塚は二つあるのが通例。現在、平塚一〜三丁目まである。

5 戸越《とごし》

江戸名所図会に「とごえ」と、仮名がふってある。江戸を越えた所（南浦地名考）。江古田の谷戸を越えた所。現在、戸越一〜六丁目まである。

6 大井《おおい》

地名の由来として、村内光福寺にある井戸にちなむという（大井地名考・武蔵風土記稿）。また、「藺《い》（畳表にするイグサ）」がたくさん自生していたので大井（藺）という説もある（大井町誌）。前者は伝説的、後者は自然地形名。

現在、大井一～七丁目まである。

7 豊町《ゆたかちょう》

昭和十六年に戸越町、上下神明町の一部が合併してできた地名。佳名好字で、いつまでも豊かな町でありますようにと願って付けた。現在、豊町一～六丁目まである。

8 小山《こやま》

由来は、八幡神社付近が小高い山のような形であることによる。小山村の初見は寛永二年（一六二五年）である（東京府村誌）。現在、小山町一～七丁目まである。

9 二葉《ふたば》

昭和十六年、東京市提案の「双葉」を区は「二葉」にして採用したという。二枚の葉から、すくすく伸び成長していくという意味だという。板橋区の「ふたば町」は「双葉町」となっている。力士・双葉山全盛時代だったためか。現在、二葉一～四丁目まである。

10 中延《なかのぶ》

永禄二年（一五五九年）には「中の部」とある（武蔵風土記稿）。「の」は「野」で、野の中央という意味になる。幕末の頃には中延村となっている。現在、中延一～六丁目のほか、東中延、西中延がある。

11 旗《はた》の台《だい》

八本の白い旗を八幡《はちまん》神社に奉納したといわれる源氏の必勝祈願が「旗」の由来である。関東地方には源氏の白旗にちなんだ「白幡《しらはた》」地名が多い。源頼朝を祭神とする神社が鎌倉府内に創られ、源頼義、元八幡創建(神社辞典)。現在、旗の台一〜六丁目まである。

12 鮫洲《さめず》

昭和七年に鮫洲町が成立したが、昭和三十九年、東大井一、二丁目の一部となり、町名はなくなった。海晏寺《かいあんじ》(南品川五丁目)の寺伝によると、鎌倉時代、ある漁師が観音様をふところに入れ、品川の海で漁をしていたところ、鮫に襲われたが一命をとり止めた。ただし、ふところの観音様がない。その後の建長三年(一二五一年)、死んだ鮫の腹の中から観音様が出てきた。時の執権・北条時頼がこれを聞き、安置せよと寺領を与えて開基となったという(大井町史)。これが鮫洲の由来といわれる。こうした漂流神仏例は、浅草観音や川崎大師などいくつかある。京急本線にて京浜運河、京急本線に鮫洲駅あり。鮫洲橋を渡って京浜運河沿いに鮫洲運転免許試験場がある。若いドライバーが集まる。

13 勝島《かつしま》

戦時中の昭和十七年、埋立地を勝利を祈願して勝島と名付けた。ちなみに昭和四十二年の埋立地は「平和島」と名付けられている。勝島二丁目に広大な大井競馬場があり、区の貴重な収入源となっている。現在、勝島一〜三丁目までである。

14 八潮《やしお》

昭和十四年、埋立地に付けられた地名。未来への発展。八の字を横にすると、「∞」無限大の発展となる（広報しながわ）。現在、八潮一〜五丁目までである。

14 板橋区《いたばしく》

昭和七年に三町六村（板橋町、志村、練馬町、上板橋村、中新井村、赤塚村、上練馬村、石神井村、大泉村）が合併して板橋区が設置された。だが昭和二十二年に、練馬、石神井、大泉地区が練馬区として分離した。

区名の由来

板の橋が架かっていたから（詳細はp133の13にあり）。「板橋」の初見は南北朝時代（一三三五〜九二年）と古い。

板橋区MAP

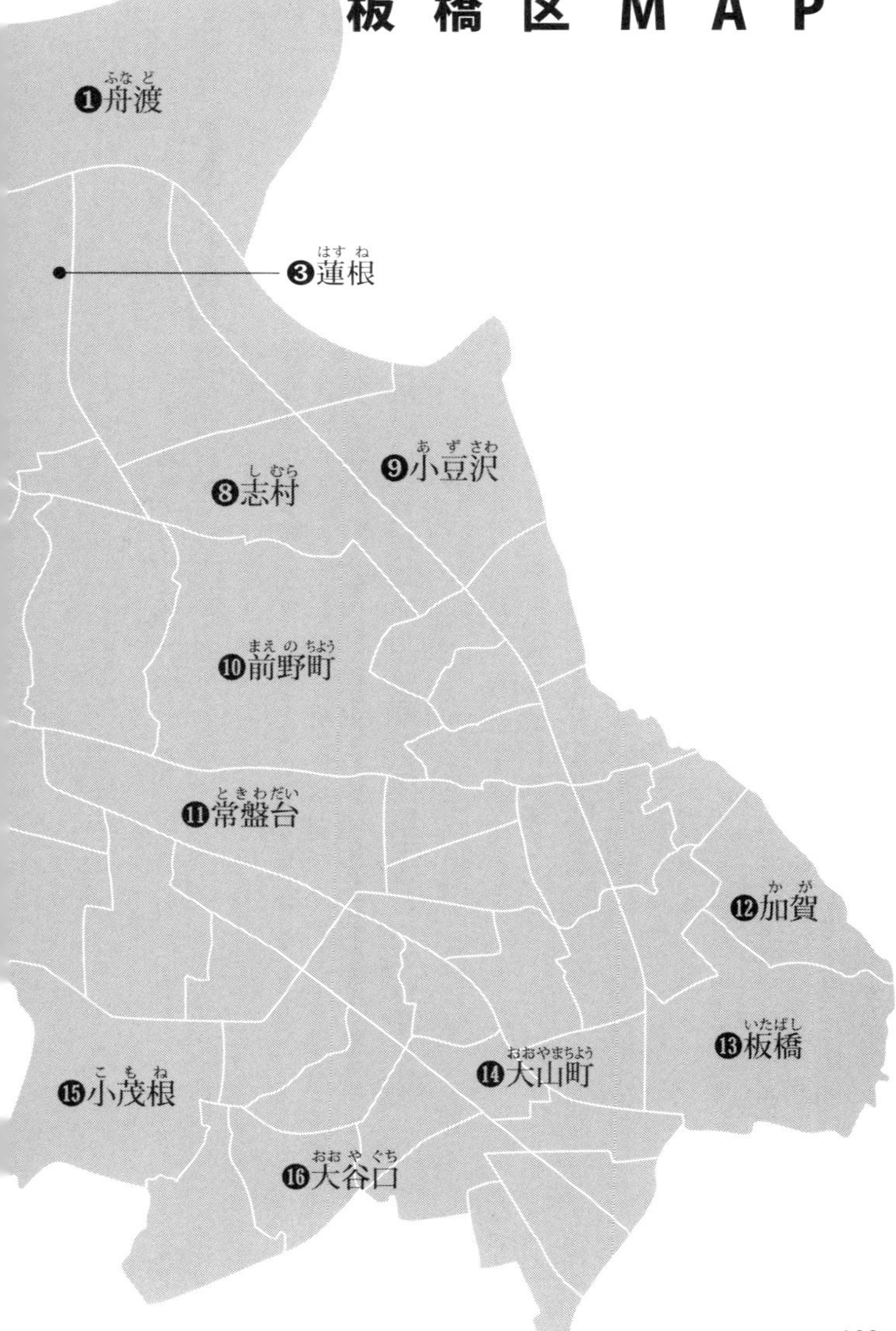
❶舟渡《ふなど》
❸蓮根《はすね》
❽志村《しむら》
❾小豆沢《あずさわ》
❿前野町《まえのちよう》
⓫常盤台《ときわだい》
⓬加賀《かが》
⓭板橋《いたばし》
⓮大山町《おおやまちよう》
⓯小茂根《こもね》
⓰大谷口《おおやぐち》

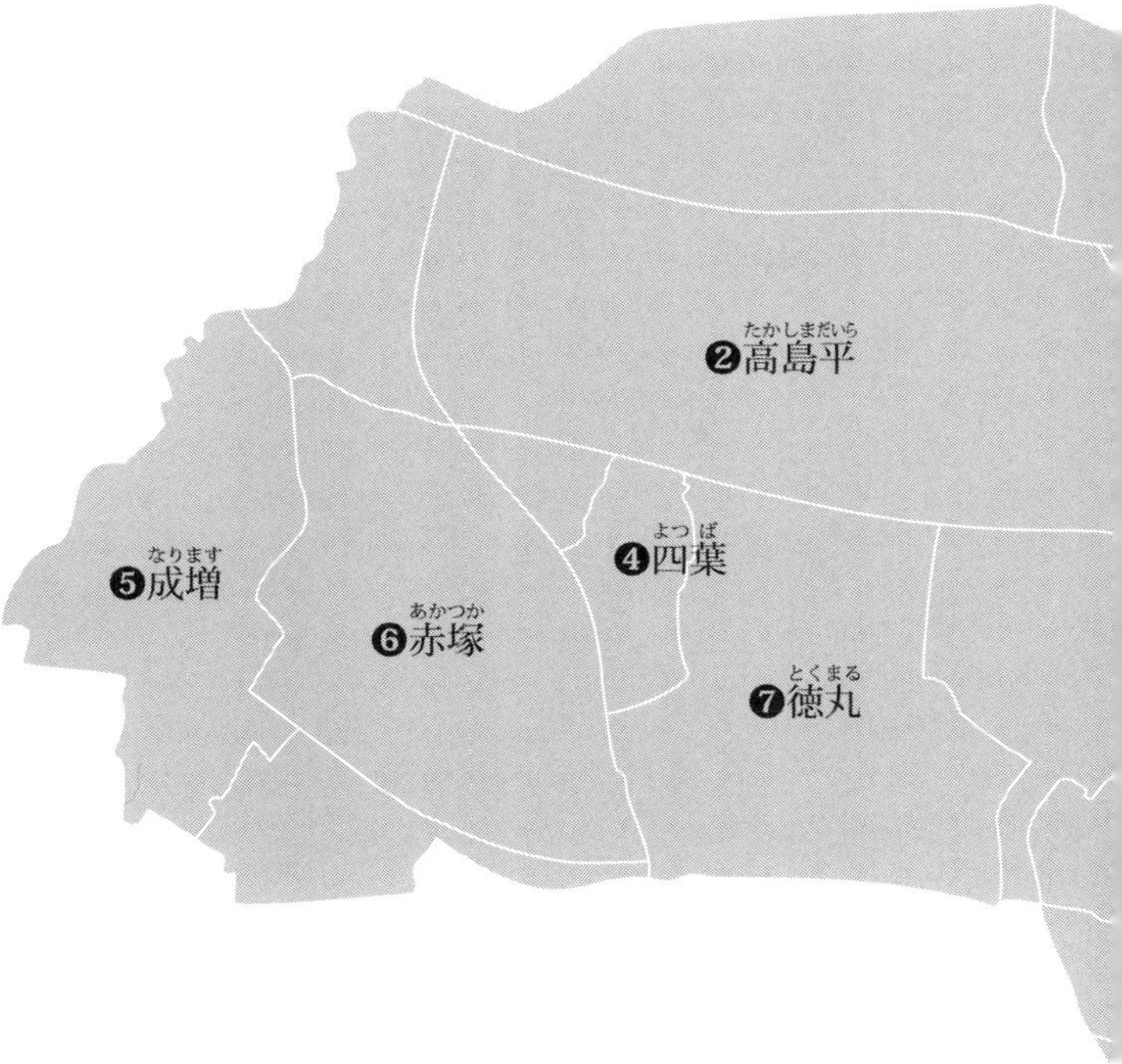
❷高島平《たかしまだいら》
❹四葉《よつば》
❺成増《なります》
❻赤塚《あかつか》
❼徳丸《とくまる》

板橋区内の主要町名・小名

1 舟渡《ふなど》

荒川を渡る渡し場である戸田の渡しを、舟で渡るというのが由来である。現在、舟渡一〜四丁目まである。

2 高島平《たかしまだいら》

天保十二年（一八四一年）に高島平（元徳丸が原）で高島秋帆という西洋砲術家が演習を行ったことに由来する。現在、高島平一〜九丁目まである。

> 地名NOTE
>
> 横浜市西区高島町は、実業家かつ高島易断を創設した人物として知られる高島嘉右衛門（一八三二〜一九一四年）が埋め立てた所である。横浜市神奈川区の高島台はその別邸。

3 蓮根《はすね》

上蓮沼村の「蓮」と根葉村の「根」を採った合成地名である。現在、蓮根一〜三丁目まである。蓮根二丁目には冒険家・植村直己冒険館がある。

4 四葉《よつば》

『元禄郷帳』に徳丸四葉町とある。四つ葉は「幸せ」になるといわれている縁起の良い佳名好字である。そういう意味で付けられた地名である。現在、四葉一～二丁目まである。

5 成増《なります》

由来には諸説ある。南北朝時代、赤塚郷内の「石成村」からの転訛《てんか》説。江戸時代に甲州から移住して来て、当地を開発した田中成増の名前から採ったという説もある。明暦三年（一六五七年）、赤塚村から分村、成増村となった（武蔵風土記稿）。昭和七年、板橋区誕生で成増町となる。現在、成増一～五丁目まである。

6 赤塚《あかつか》

赤塚八丁目に松月院という寺がある。この寺の門前に、昔、塚があったという。その塚を村人は「荒ぶる塚」として恐れ近づかないので「赤塚」になったという説がある。現在、赤塚一～八丁目まである。東京大仏で知られ、新東京百選に選ばれた乗蓮寺は赤塚五丁目。

7 徳丸《とくまる》

この地名には色々な伝説・伝承があり、定かでないが列挙しよう。

1 菅原道真の子、徳麻呂（丸）が移住して来たことによる（天神宮記）。

2 鎌倉時代に隅田時光の子、徳丸が移住して来たから（妙顕寺文書）。

3　渡来人の本拠地を意味する「トーキマル」の転訛による。

現在、徳丸一～八丁目までである。

8　志村《しむら》

篠竹《しのだけ》が繁茂した所をいい、「しのむら」ともいった。

志村とつく土地は広大で、志村町の他に志村蓮根町、小豆沢町、本蓮沼町、長後町、中台町、西台町、清水町、前野町の九ヵ町に分離した。現在、志村一～三丁目までである。

9　小豆沢《あずさわ》

由来は川が作った崩壊崖地のことをいう。同じ由来の地名は左記のように各所にある。小豆沢には以下のような伝説があるが、地名学の由来にはならない。平将門の小豆《あずき》伝説（風土記稿）／小豆東漂流伝説（板橋ものがたり）／梓《あずさ》の木繁殖説など。現在、小豆沢一～四丁目までである。

〔類例〕

1　千葉県市原市安須（養老川）

2　埼玉県飯能市阿須（入間川）

3　栃木県栃木市梓（永野川）

4　山形県米沢市梓川（梓川）

5　長野県松本市梓川（梓川）

10 前野町《まえのちょう》

由来は同地が志村城の前の野原にあたることによる。前野村は昭和初期まで、ダイコンと麦とヒバリの里だった（淑徳小学校二十年史）。現在、前野町一～六丁目までである。

11 常盤台《ときわだい》

由来は近くに天照大神をまつる天祖神社があり、その林に常盤の松が茂っていたことによる。現在、常盤台一～四丁目までである。

12 加賀《かが》

加賀百万石の前田藩の下屋敷があったことによる。この地には、金沢小学校、金沢橋、加賀中学校など、加賀・前田家ゆかりの地名が残されている（加賀中学校の校章は前田家の家紋、梅花である）。現在、加賀一～二丁目までである。一丁目には本郷湯島から移転して来た東京家政大学、二丁目には帝京大学医学部がある。

13 板橋《いたばし》

石神井《しゃくじい》川に架かる板の橋が由来である。江戸日本橋を起点とする中山道は、板橋、奈良井（長野県塩尻市）、妻籠《つまご》・馬籠《まごめ》（長野県木曽郡南木曽町）などを通り、滋賀県の草津で東海道と合流する。現在、板橋一～四丁目、中板橋などがある。

14 大山町《おおやまちょう》

小高い丘陵を大山と呼んだことに由来する。現在、大山町・大山金井町・大山西町・大山東町となっている。

地名NOTE

神奈川県伊勢原市に海抜一二五一mの雨降山大山がある。この山は雨乞いの山で、少し下に大山不動があり、火伏せ神がまつってある。板橋、大山町の村民約八百戸は大山の先導師・御師の家、中山宿に泊まり、雨乞いと火伏せ祈願をした。

15 小茂根《こもね》

昭和四十年、小山町・茂呂町・根ノ上町の三町が合併し、その頭の文字を採った合成地名である（いたばしの地名）。現在、小茂根一～五丁目まである。

16 大谷口《おおやぐち》

石神井川が大きく曲がった谷の入口というのが、その由来である。上板橋村の小名にある。昭和七年、大谷口町となる。現在、大谷口一～二丁目、大谷口上町、大谷口北町もある。大谷口上町に日大医学部あり。

15 豊島《としま》区

昭和七年に東京市郡合併により、十五区から二十区に増設され、豊島区が成立。

区名の由来

太古、古東京湾がこの地域に入り込んでいて、沿岸に多くの島々があったことによる（和名類聚抄）。

豊島区MAP

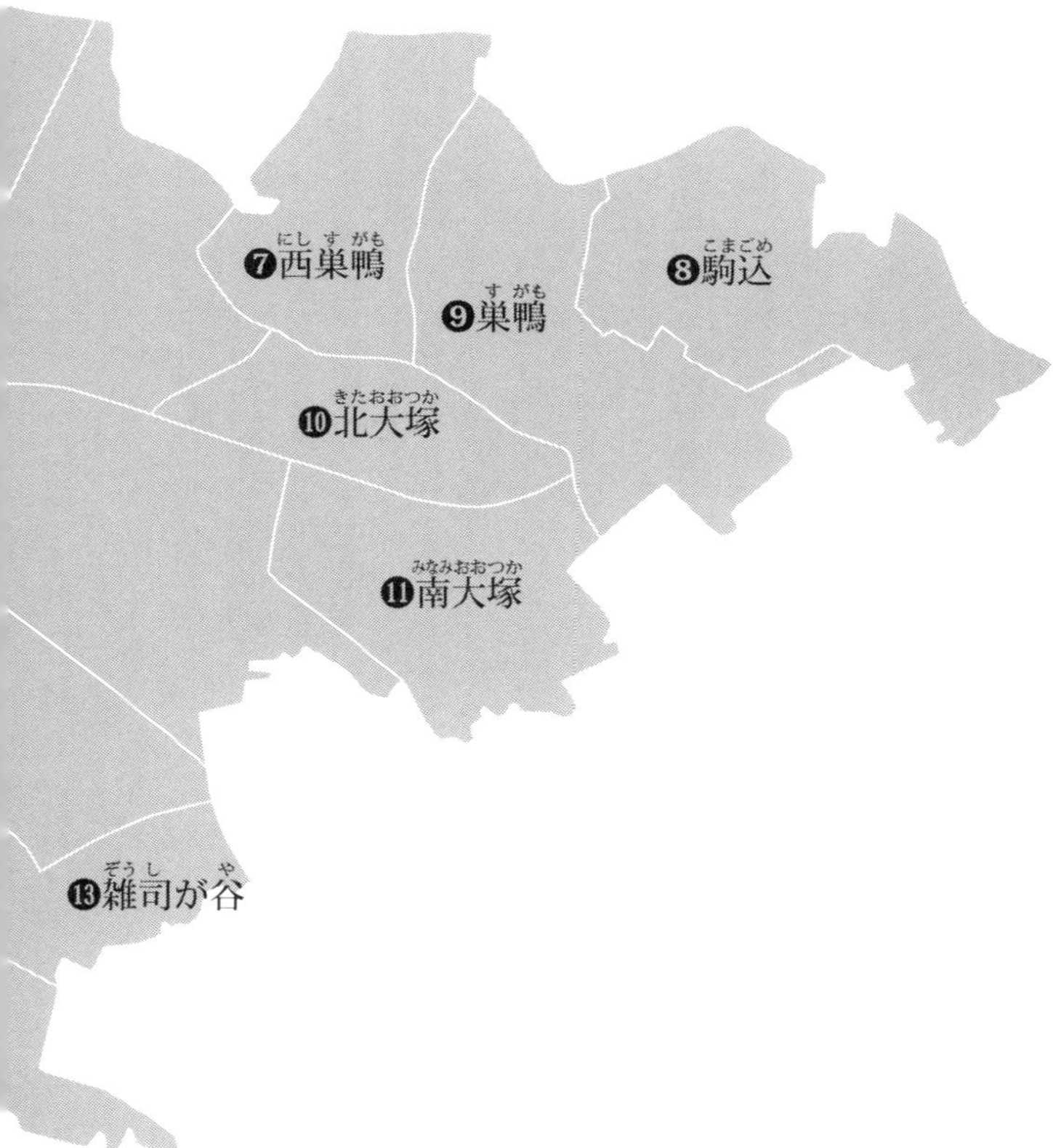

❼西巣鴨《にしすがも》
❽駒込《こまごめ》
❾巣鴨《すがも》
❿北大塚《きたおおつか》
⓫南大塚《みなみおおつか》
⓭雑司が谷《ぞうしがや》

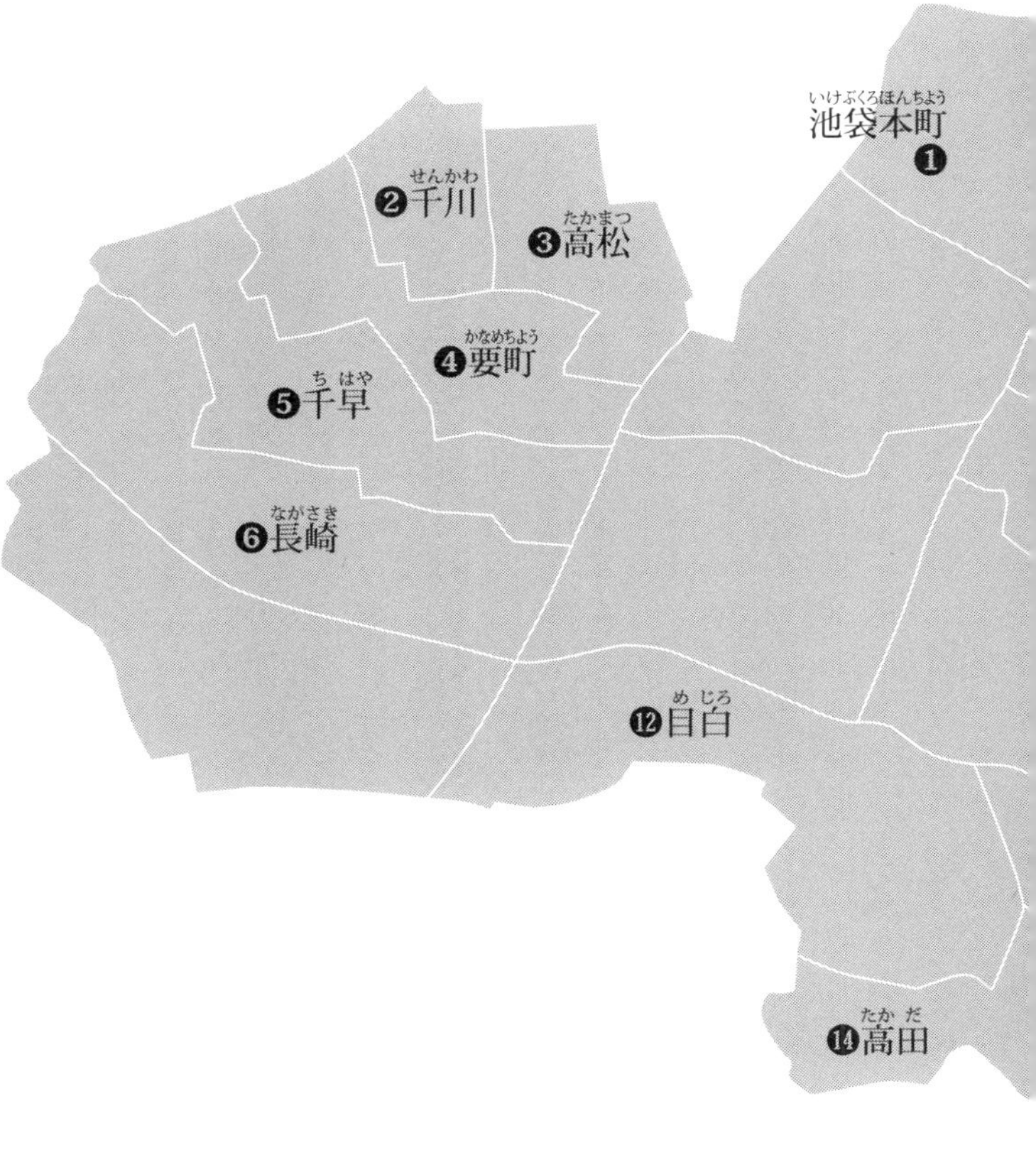
池袋本町《いけぶくろほんちょう》
❶
❷千川《せんかわ》
❸高松《たかまつ》
❹要町《かなめちょう》
❺千早《ちはや》
❻長崎《ながさき》
⓬目白《めじろ》
⓮高田《たかだ》

豊島区内の主要町名・小名

1 池袋本町《いけぶくろほんちょう》

池袋とは多くの池があり、その池が袋状に曲がっていたことに由来する。各所で川のある所には川袋あり。「本町」とは、同町の本家本元を本町、本郷という。現在、町名に池袋と付くところは、池袋本町一～四丁目、池袋一～四丁目、東池袋一～五丁目、上池袋一～四丁目、西池袋一～五丁目、南池袋一～四丁目。池袋は大世帯で当区全体の半分近い面積を占める。本町には氷川神社あり。JR山手線池袋駅のそば、西池袋には立教大学。

2 千川《せんかわ》

「仙川」とも書き、泉の多い水源地を指す。千川はせんかんと沸き出ずる所。京王線・調布市にも仙川という駅名がある。ここも地中から泉が湧き出した所が多い。大正時代、千川の土手に吉野桜木を植え桜の名所だったが、戦後、川は下水道となり、桜も姿を消した。現在、千川一～二丁目まである。

3 高松《たかまつ》

昭和十四年に命名された町名である。由来は村（町）はずれの「松（末）」と、富士浅間社の「松」をかけたものである。このような所には松葉という小名か屋号がある。現在、高松一～三丁目まである。

4 要町《かなめちょう》

由来は細長い町の形が扇の要のようだから。古くは長崎村のうちで、明治維新前には村全体で五十九戸であった。昭和十四年、要町ができた（豊島区史）。現在、要町一～三丁目まである。旧長崎町のほぼ中央で、要的位置にある。

5 千早《ちはや》

由来は千川からの早い流れで、昭和十四年に命名された。現在、千早一～四丁目まである。

地名NOTE

ここと同じ意味の所が大阪にあるから不思議だ。大阪府南河内郡千早赤阪村である。山あいからすばやく流れる川がある。

6 長崎《ながさき》

鎌倉時代に北条氏族の重臣・長崎氏の領地であったから、その名が付いたという説がある。戦国時代には後北条氏の家臣で、江戸衆の太田康資の所領であった（小田原衆所領役帳）。現在、長崎一～六丁目まである。

7 西巣鴨《にしすがも》

江戸時代中頃から巣鴨という漢字の表記を用いた。巣鴨の由来は「菅面」、「菅茂」で、石神井川流域にすが（すげ）が一面に茂っていたから。現在、西巣鴨一～四丁目までである。四丁目の寺町のすぐ近く、三丁目に仏教基盤の大正大学。妙行寺（四丁目）には、四谷怪談で知られるお岩の墓あり。

地名NOTE

戦国時代は、鶴、鴨などの渡り鳥にちなんだ地名は使わない。渡り鳥は帰ってしまうので、縁起が良くないいため。その時代の鴨は「カム」で神様・神社の意味。鶴は川の流れがゆるやかで蛇行、淀んでいる所。山梨県都留市や鶴巻（各県）、鶴見川などがその例である。

8 駒込《こまごめ》

当地駒込の初見は戦国時代。その由来はいくつかあるが、伝説的で説得力に欠く。

1 日本武尊が東征の折に味方の軍勢を見て「駒込みたり」と言ったから（武蔵風土記稿）。

2 原野に駒（馬）が群がっていたから（江戸砂子）。

3 古代に渡来人・高麗人が大勢住んでいたから。

現在、駒込一～七丁目である。

9 巣鴨《すがも》

7西巣鴨の項を参照。巣鴨三丁目に高岩寺・とげぬき地蔵あり。巣鴨刑務所跡に平和祈念碑あり。現在、巣鴨一～五丁目である。五丁目の本妙寺に遠山金四郎、慈眼寺に芥川龍之介の墓がある。

10 北大塚《きたおおつか》

昭和四十四年、JR山手線大塚駅の北側を北大塚、南側を南大塚と表示した。大塚地名の由来は大きな塚があったから。その塚とは、

1 太田道灌が築いた物見塚説（江戸図説）。

2 水戸藩邸内の一里塚説（江戸名所図絵）。

現在、北大塚一～三丁目まである。

11 南大塚《みなみおおつか》

都電が走る駅前は三業通りへ。三業とは飲む・打つ・買うの料理屋、待合など。最盛期には芸者二百人以上いたという。現在、南大塚一～三丁目まである。

12 目白《めじろ》

地名由来は諸説ある。

1 ここで白い名馬を産したから（南向茶話）。

2 三代将軍家光が目黒に対して、目白と呼べと命じたから（江戸図説）。

3　目白不動があることから（江戸名所記）。

4　江戸幕府の時、慈眼大師が白い目の不動をつくったから。

5　小山に多くの目白（鳥）がいるから（他県に多い）。

現在、目白一～五丁目までである。

13　雑司が谷《ぞうしや》

由来は朝廷の雑事をあつかう小役人のいる所をいう。朝廷の雑仕（小役人）・柳下、長島、戸張などがこの村に土着して来たのでそういう（武蔵風土記稿）。現在、雑司が谷一～三丁目までである。

〔類例〕奈良県奈良市雑司町　東大寺の雑事を扱う（小役人）町がある。

14　高田《たかだ》

由来は高畑という高台地にある田の所という。都電面影橋すぐそばの南蔵院に「山吹の里」の碑あり。「七重八重花は咲けども山吹の　実の一つだに無きぞ悲しき」と娘にさし出された山吹の一枝に触発され、太田道灌は文武両道の将となった。古歌のこの歌で有名になり、「山吹の里」は各地にある。「山吹」元祖はここ高田一～二丁目あたりである（豊島区史では当所が元祖という）。現在、高田一～三丁目までである。

16 新宿しんじゅく区

昭和二十二年に三区（四谷・牛込・淀橋）が合併して成立。

区名の由来

長野県の信濃高遠《たかとう》藩内藤氏拝領の地で、その屋敷跡（新宿御苑一帯）に作られた「新しい宿」である。内藤新宿と名付けられた。

現在、内藤町は新宿活気に押されている。

新宿区MAP

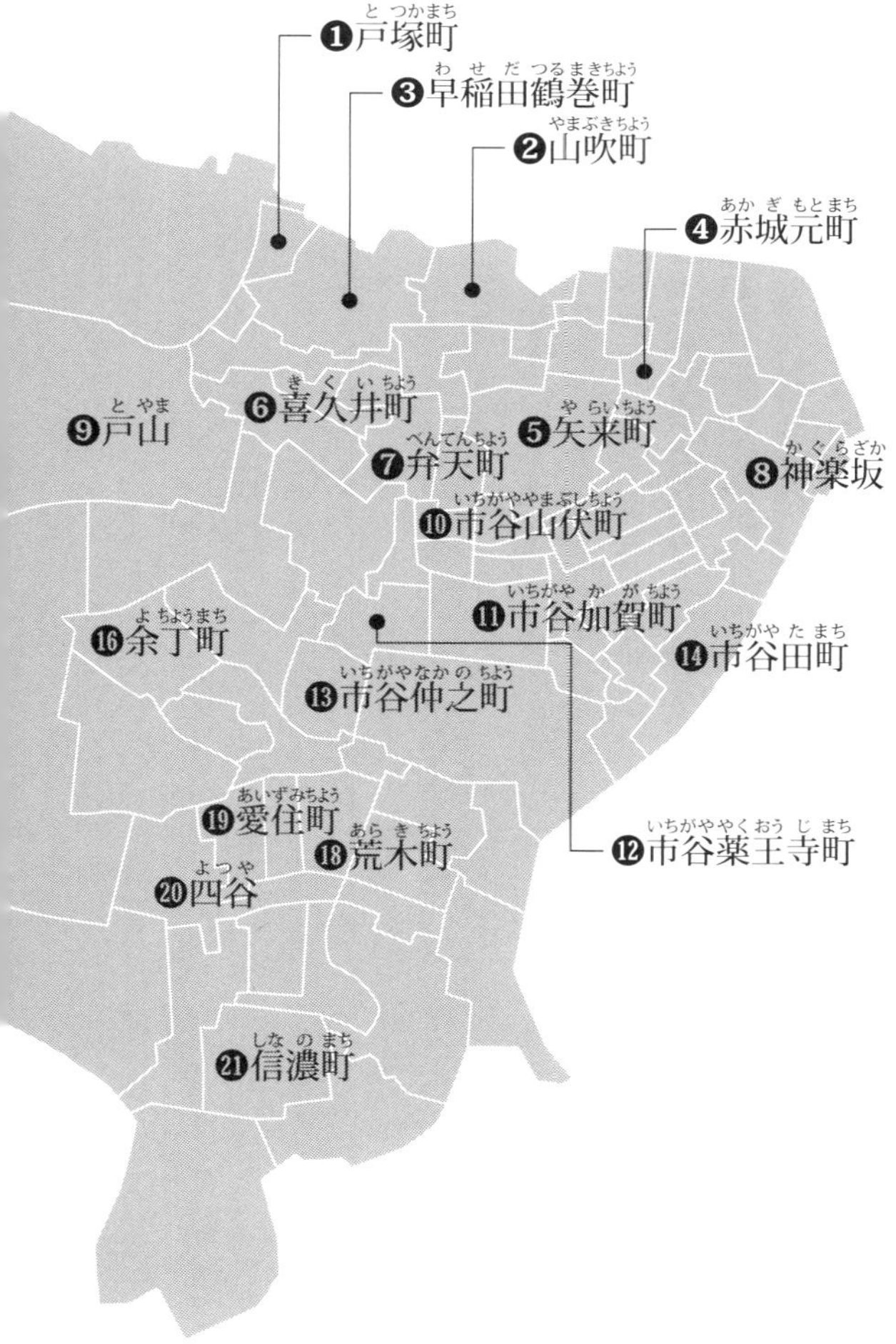
❶戸塚町《とつかまち》
❸早稲田鶴巻町《わせだつるまきちょう》
❷山吹町《やまぶきちょう》
❹赤城元町《あかぎもとまち》
❻喜久井町《きくいちょう》
❾戸山《とやま》
❺矢来町《やらいちょう》
❼弁天町《べんてんちょう》
❽神楽坂《かぐらざか》
❿市谷山伏町《いちがややまぶしちょう》
⓫市谷加賀町《いちがやかがちょう》
⓰余丁町《よちょうまち》
⓮市谷田町《いちがやたまち》
⓭市谷仲之町《いちがやなかのちょう》
⓳愛住町《あいずみちょう》
⓲荒木町《あらきちょう》
⓬市谷薬王寺町《いちがややくおうじまち》
⓴四谷《よつや》
㉑信濃町《しなのまち》

㉓上落合《かみおちあい》
㉒高田馬場《たかだのばば》
大久保《おおくぼ》
⑮
㉔百人町《ひやくにんちよう》
歌舞伎町《かぶきちよう》
⑰
㉖角筈《つのはず》
㉕十二社《じゆうにそう》

新宿区内の主要町名・小名

1 戸塚町《とつかまち》

戦国時代には「富塚」という佳名好字であったが、江戸期から「戸塚」となった。まったく同じ例が横浜市戸塚町《とづかちょう》、戦国期「富塚」で江戸期に「戸塚」となる。古墳。現在、戸塚一丁目だけである。

2 山吹町《やまぶきちょう》

由来は太田道灌が鷹狩りの時に、村の娘から一枝の山吹の花をさし出された伝説地をいう。各所に伝説地あり。「七重八重花は咲けども山吹の　実の一つだに無きぞ悲しき」。現在、山吹町は丁目なし。

3 早稲田鶴巻町《わせだつるまきちょう》

由来は川（神田川）が大きく曲がり、流れがゆるやかに淀んだ水流《つる》をいう。同様の当て字地名は多い。現在、丁目はなし。

〔類例〕　世田谷区弦巻／多摩市鶴牧／川崎市鶴巻／横浜市青葉区鶴蒔／町田市鶴間／相模原市鶴間／大和市鶴間／山梨県都留／埼玉県鶴間／横浜市鶴見区　など

4 赤城元町《あかぎもとまち》

明治五年、この地に赤城神社があったのがその由来。群馬県の上毛三山（赤城山、榛名山、妙義山）に各神社あり。赤城山が一番高いのでここの神社から勧請した。現在、丁目は設定されていない。

5 矢来町《やらいちょう》

「矢来」とは、竹で造った侵入者を防ぐ囲い。寛永五年（一六二八年）、川越藩主・酒井忠勝が当地に下屋敷を拝領。そこに竹矢来を築いたのがその由来。『解体新書』の杉田玄白は、この屋敷内で生まれた。現在、丁目はなし。

6 喜久井町《きくいちょう》

明治二年、数ヵ所の町を合わせて喜久井町となる。名付け親は夏目漱石の父、夏目小兵衛。夏目家の家紋は井桁の中に菊が描かれており、それを佳名好字の「喜久井」としたのがその由来である。現在、丁目はない。

地名NOTE

明治の文豪・夏目漱石は慶応三年（一八六七年）、ここ喜久井町で生まれた。喜久井町一番地には「夏目漱石誕生之地」の碑がある。また、隣接する早稲田南町の夏目公園には『吾輩は猫である』の供養碑がある。

7 弁天町《べんてんちょう》

右大辨財天、左宗参寺境内と書かれた石柱の下を下って行くと、低い所に小さな堂宇あり。昔は水弁天だったのだろう。江戸期の儒者・山鹿素行の墓がある宗参寺（弁天町一）の分院。現在、丁目はない。

8 神楽坂《かぐらざか》

西早稲田二丁目にある穴八幡宮の分祭宮である若宮八幡神社で神楽が行われたのがその由来である。分祭宮とは、お祭りの時、神輿《みこし》をかつぎ渡り歩き行く所をいう。この坂には東京理科大学がある。かつては、三業地として栄え、昭和初期の芸者歌手、神楽坂はん子・うき子の歌が流行した。現在、神楽坂一～六丁目まである。

9 戸山《とやま》

江戸時代初期、和田村、戸山村が初見としてある（戸山之枝折《しおり》）。三代将軍家光の娘・千代姫を、尾張藩主・徳川光友に嫁がせ住民を他の地に移し、戸山ヶ原に広大な屋敷をつくった。それが江戸最大の大名屋敷となった。戦時中は陸軍用地となり、陸軍科学研究所や射撃場などがあった。現在、戸山一～三丁目まである。

地名NOTE

明治、大正の話である。早大教授島村抱月と女優松井須磨子の恋。抱月家の玄関番・中山晋平は、抱月の妻いち子の依頼で二人の行動調査す。二人は戸山ヶ原を仲良く夫婦気取りで歩いていたという。

10 市《いち》谷《がや》山《やま》伏《ぶし》町《ちょう》

由来は江戸時代、山伏がこのあたり一帯に住んでいたからという。しかし、享保八年（一七二三年）に大火があり、屋敷はすべて明け地となり、下谷の方に代地を与えられたという（江戸志）。ここに江戸時代初期の儒学朱子学者・林羅山代々の墓所あり。徳川家康から家綱まで四代の将軍に侍講し、林大学頭《だいがくのかみ》と呼ばれた。現在、丁目はなし。

11 市谷《いちがや》加《か》賀《が》町《ちょう》

由来は加賀金沢藩・前田家の清泰院に与えられた屋敷による。清泰院とは水戸藩主・徳川頼房の娘で、金沢藩主・前田光高に嫁した。その姫は早く亡くなったが、姫付きの人々の居住地となった（御府内備考）。今でも女性に関係ある女性相談センターや裏千家庵などがある。現在、市谷加賀町一〜二丁目までである。

12 市谷薬王寺町《いちがややくおうじまち》

薬王寺は明治三十八年、文京区大塚五丁目の護国寺に移った。それで一時、薬王寺前町といったが、現在はその寺はないのに、薬王寺町と呼ばれている。現在、丁目はなし。

地名NOTE

武蔵野市吉祥寺も、吉祥寺という寺がないのに「吉祥寺」という。門前町だけがここ武蔵野の吉祥寺本町に集まってきた。寺がないのだから「吉」を取り、「祥寺」、仮名で「ジョージ」と呼ぶ現代派もいる。

13 市谷仲之町《いちがやなかのちょう》

由来は江戸時代、ここに根来《ねごろ》組与力屋敷があり、中央通を中ノ丁といったことによる（新撰東京名所図会）。江戸切絵図を見ると、根来組与力衆屋敷の中央に道があり、木戸が描かれて「中ノ丁」と書いてある。現在、市谷仲之町は単独町名で丁目はなし。

14 市谷田町《いちがやたまち》

由来は江戸初期、布田新田という百姓の田がつくられたことによる。元和九年（一六二三年）に江戸城外堀普請のため、替地を提示されたが、住み慣れた場所を離れたくないため、堀端の田地を埋めて町をつくった。そして町名を市谷田町とした（御府内備考）。現在、市谷田町一〜三丁目まである。

15 大久保《おおくぼ》

由来は自然地形名で、大窪村に大きな窪地があったから。他にも、いくつか説があるが、付会、こじつけの感あり。江戸時代の大久保は現在よりずっと広く、戸山町・若松町・余丁町・富久町などが含まれていた。富久町にある成女学園の一画には小泉八雲旧邸があった。現在、大久保一〜三丁目までである。

16 余丁町《よちょうまち》

由来は、江戸時代の頃は「大久保四丁目」と呼ばれていたが、明治五年、「四」を「余」に改めて「余丁町」としたことによる。古代条里制の余部・余目ではない（東京市町名沿革史）。当地に『断腸亭日乗』の永井荷風が十年ほど住み、坪内逍遥もここに演劇研究所を設置、第一期生に松井須磨子がいた。現在、丁目はない。

17 歌舞伎町《かぶきちょう》

由来は、戦後、歌舞伎劇場建設計画が持ち上がり、昭和二十三年にその町名ができたことによる。歌舞伎劇場の他、映画館やダンスホールなどの構想があったが、実現には至らず町名だけ残っている。新宿コマ劇場も閉館となった。現在、歌舞伎町一〜二丁目まである。

地名NOTE

この歌舞伎町のように、一度その地名で定着すると、地名と実際の状況にズレが生じても変えるのはなかなか難しい。地名(町名)の時効とでも言うべきか。

18 荒木町《あらきちょう》

明治五年、周辺の武家屋敷を合わせてできた町名。荒木横町があったのでその町名が付けられた。荒木横町の前は、この地は植木屋が多く、新木を買い入れ枝ぶりを直して売っていたため、「新木横町」と呼ばれていた(御府内備考)。現在、丁目はなし。

19 愛住町《あいずみちょう》

由来は隣人とともに愛しながら協力しあって住む町にしたい、という念願を表したものである(新宿区町名誌)。明治五年に四谷愛住町として成立した。かつてここには湯屋横町という所があった。この横町の由来は承応二年（一六五三年）に、玉川上水石樋工事が始まり、毎日人足が泥に汚れ、難儀していた。この地で酒酢商売を始めた安井三左衛門はこの様子を見て、毎日風呂をわかし、工事が完成するまで、無料で入湯させた。それで湯屋横町といったという（御府内備考）。現在、愛住町は単独町名、丁目はない。

20

四谷《よつや》

由来に二説あり。

1　昔、四ヵ所の谷あり。千日谷・茗荷谷・千駄ヶ谷・大上谷の四谷があったから（江戸砂子）。

2　甲州街道に四軒の茶屋（梅屋・保久屋・茶屋・布屋）があったのでそういう（御府内備考）。

現在、四谷一〜四丁目までである。

21

信濃町《しなのまち》

由来は信濃原の傾斜地をいう。

〔類例〕　1東京都品川／2長野県信濃／3栃木県品川／4横浜市戸塚区品濃町
5青森県弘前市品川町／6愛知県名古屋市品川町

江戸時代、この地に永井信濃守の屋敷があった。なお、永井信濃守は「在名」。元は奈良御所市櫛羅《くじら》藩出身で、永井は奈良の姓。現在、信濃町は丁目なし。

22 高田馬場《たかだのばば》

高い所の下に田があり、その近くに馬場（馬術の訓練場）をつくったのが由来である。寛永十三年（一六三六年）、将軍家光が高田に馬場を築せらる。現在、高田馬場一～四丁目まである。

地名NOTE

赤穂浪士の一人・堀部安兵衛は、高田馬場で叔父の菅野六郎左衛門が決闘したのを助けて勇名をあげた。「高田馬場あだ討ち」として後世に残る。その場所は、ＪＲ山手線高田馬場駅から早稲田大学へ向かう途中の西早稲田三丁目。今は説明板のみが歴史を告げている。

23 上落合《かみおちあい》

由来は川と川（神田上水と井草川）が落ち合った所をいう（江戸名所図会）。この川の上流が上落合、下流が下落合村である。江戸時代には「蛍《ほたる》の名所」として知られた。現在、西落合一～四丁目、中落合一～四丁目、下落合一〜四丁目、上落合一〜三丁目と広大なエリアとなっている。下落合四丁目の薬王院は、ボタン寺と野鳥の森で有名。

24 百人町《ひゃくにんちょう》

慶長七年（一六〇二年）、伊賀組の鉄砲隊百人が、ここに定住した。当時は大久保町だったので、大久保百人大縄屋敷といった。それが町名由来である。彼らは余暇にツツジを栽培していたので、区の花はツツジにもなっている。現在、百人町一〜四丁目まである。

25 十二社《じゅうにそう》

由来は紀州・和歌山県熊野にある十二の王子権現を勧請したことによる。「社」を「そう」と呼ぶのは總社で、十二王子を「ひとまとめ」にしたという呼び方である。西新宿二丁目の北に熊野神社あり。この社の境内に大田南畝《なんぽ》寄進の手洗鉢があり「十二叢祠」と書かれている。なお、『江戸名所図会』に「あやまちで」と書いてあるのは、誤りで間違ってない。現在、この地の町名は西新宿で、十二社という町名は昭和四十五年で姿を消した。

26 角筈《つのはず》

東京都庁舎一帯（西新宿二丁目の八）は、昔、角筈村と呼ばれていた。

現在、この地名はなし。角筈の由来は、代々この村の名主をしていた渡辺家の先祖・与兵衛にちなむ。与兵衛は、天文・永禄年間（一五三二〜七〇年）

の熊野の乱の時、紀州・和歌山よりこの地に流れ着き、開発・新田を作り、熊野権現の社をつくったという。真言宗の信者で、正式の僧とならずに自宅で修行する、忌み言葉（使ってはいけない不吉な言葉）で「優婆塞《うばそく》」だった。この「優婆塞」を「角筈」といった（大辞典）。

17 渋谷区《しぶやく》

昭和七年、渋谷区が成立した。明治二十二年、渋谷村と宮益坂町が合併して渋谷村となり同四十二年、渋谷町。区名は区役所が旧渋谷町に設置されたことによった（渋谷区史）。

区名の由来

両岸の迫った、シボんだせまい谷川をいう。同様の由来を持つ地名は、渋沢・渋川・渋谷《しぶや》・渋谷《しぶたに》など全国的に分布している。市では群馬県渋川市などあり。

渋谷駅前のハチ公像

秋田いぬ・ハチ公の飼い主だった教授は、ハチを可愛がっていたが授業中脳卒中で急死した。忠犬ハチ公は主人の死も知らず、渋谷駅改札口でその帰りを待ち続けた。年と共に老いて余生がなくなったハチは昭和十年三月八日、桜舞い散る中で死んだ主人の幻影が現れ、強く強く抱き締めてくれた。そして、安らかに十三歳の生涯を閉じた。今はハチ公像として渋谷駅前で生き続けている。

渋谷区 MAP

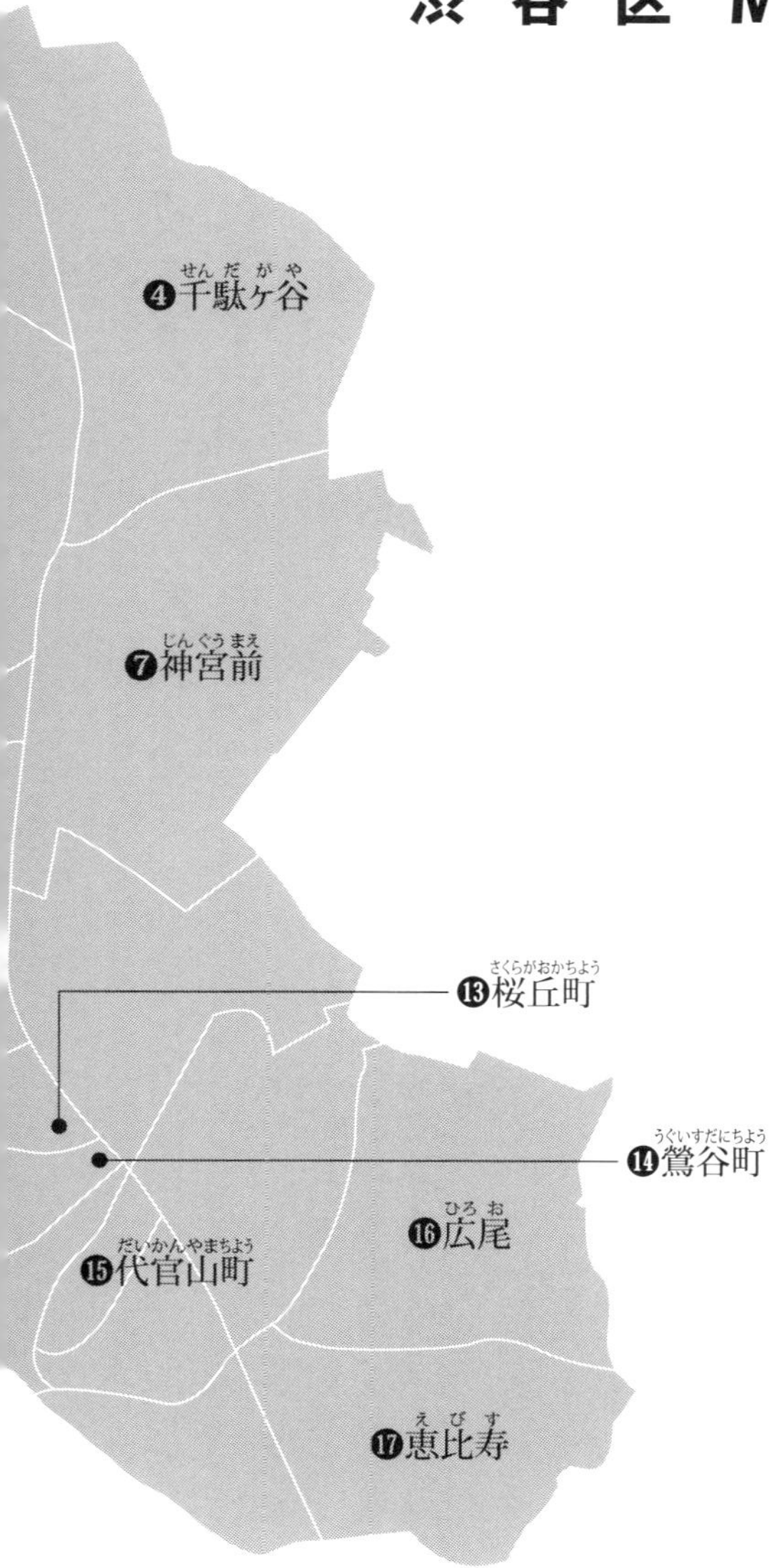
❹千駄ヶ谷《せんだがや》
❼神宮前《じんぐうまえ》
⓭桜丘町《さくらがおかちょう》
⓮鶯谷町《うぐいすだにちょう》
⓰広尾《ひろお》
⓯代官山町《だいかんやまちょう》
⓱恵比寿《えびす》

❻代々木《よよぎ》
❶幡ヶ谷《はたがや》
❸初台《はつだい》
❷笹塚《ささづか》
❺上原《うえはら》
神山町《かみやまちょう》
❽
❿宇田川町《うだがわちょう》
❾松濤《しょうとう》
⓬道玄坂《どうげんざか》
⓫神泉町《しんせんちょう》

159 渋谷 しぶや 区

渋谷区内の主要町名・小名

1 幡ケ谷《はたがや》

伝説によると、永保二年（一〇八二年）に源義家が奥州征伐を終え、白旗を洗い云々という（武蔵風土記稿・渋谷区史）。本町一丁目に旗洗池があったとされる。現在、幡ヶ谷一～三丁目までである。

2 笹塚《ささづか》

由来は甲州街道一里塚にちなむ。元は幡ヶ谷の字《あざ》（小名）であったが、昭和三十五年に町名として成立。現在、笹塚一～三丁目までである。笹塚跡は笹塚二丁目にあり。

3 初台《はつだい》

由来は徳川二代将軍秀忠の乳母・初台局《はつだいのつぼね》が自分の菩提寺として、正春寺を建立したことにちなむ。元は代々木初台といっていた。当区成立と共に、代々木初台、昭和三十六年、初台となり現在に至る。現在、初台一～二丁目までである。正春寺は代々木三丁目にある。

4 千駄ケ谷《せんだがや》

当地一帯は昔、萱野《かやの》であり、一日に千駄の萱を出したことによる（江戸砂子・江府名勝志）。なお、一駄とは馬が萱（茅）を背中で両側に振り分け、三十六貫・約百四十キロ運ぶことをいう。特に六丁目付近に茅場が多かった。現在、千駄ヶ谷一～六丁目まである。

5 上原《うえはら》

由来は文字通り、一段と高い丘陵地帯であることによる。元は「代々木上原」といった。現在でも、小田急線は「代々木上原」という駅名になっている。駅の南口にギター・マンドリンで知られる古賀政男音楽博物館あり。現在、上原一～三丁目まである。

6 代々木《よよぎ》

地名由来として二つの説あり。

1　村民が生産したサイカチの木などが多く繁茂していた。

2　彦根藩井伊家の下屋敷にあった樅《もみ》の老木による。

1の説は広い範囲の地形名で、2の特定の木説より有力といえる。現在、代々木一～五丁目まである。

地名NOTE

山口県周南市に「代々木通り」と「代々木公園」がある。これは東京の代々木のまねをして、その名を付けたという。

7 神宮前《じんぐうまえ》

明治神宮の前の方であることにちなむ。神宮は大正九年に落成。祭神・明治天皇、照憲皇太后《しょうけんこうたいごう》の二柱。現在、神宮前一〜六丁目までである。

8 神山町《かみやまちょう》

昭和三年、渋谷町の字《あざ》である神山・大山・深町などの各一部が合併して、昭和七年、現行の神山町となる。町名由来は神山、大山、神南などから合成した。渋谷区役所（宇田川町）の隣接町で、大使館などが点在している。現在、丁目はなし。

9 松濤《しょうとう》

由来は、江戸時代には和歌山県の紀州・徳川家の下屋敷であった土地に、明治になって、佐賀の鍋島家が狭山茶の茶園・松濤園をつくったことによる。松濤とは、茶道雅名で、茶の湯のたぎる音という。現在、松濤一〜二丁目までである。二丁目に鍋島松濤公園あり。

10 宇田川町《うだがわちょう》

由来は砂・小石まじりの川・田をいう。全国に分布している地名。「歌川」とも書く。当地の宇田川は細流で、渋谷川に注ぐ。大正元年、文部省唱歌となった高野辰之作詩『春の小川』は、当地渋谷川がモデル。区域内で二・二六事件主謀者処刑。同事件の慰霊碑も建立された。単独町名で、現在、丁目はない。

11 神泉町《しんせんちょう》

江戸時代に、空鉢仙人がここの水で不老長生の薬を練ったため、渋谷町神泉谷と呼ばれるようになった（武蔵風土記稿）。昭和七年から渋谷区神泉町となり、現在に至る。丁目はなし。

12 道玄坂《どうげんざか》

渋谷川から西へ登って行き、宇田川が大きく曲がった所を大和田という。坂の途中の洞窟に大和田太郎という山賊が住み、旅人から金品を奪い取っていた。晩年、大和田太郎は仏門に入り、名を道玄と改め、過去の罪を悔い改め、物見の老木も切り倒したという。現在、道玄坂一～二丁目まである。

13 桜丘町《さくらがおかちょう》

当町に桜の木が多く植えられていたことにちなむ。昭和七年に渋谷区の町名となる。現在、丁目はなし。

14 鶯谷町《うぐいすだにちょう》

昭和三年、鶯谷といった。昭和七年、渋谷区の町名として鶯谷町となる。小さな谷川の橋（鶯橋）の下を渡り飛びながら鳴く鶯がその由来である。「鶯の谷渡り」とは、橋から見下ろすと、枝から枝へと飛び渡る姿とその鳴き声のことをいう。現在、丁目はなし。

15 代官山町《だいかんやまちょう》

この地の林が代官所の管理地（お林山・留山）であったことによる。当地は千葉県の佐倉藩主・堀田正信の屋敷があった。また、「宗吾郎松」という松がある。これは佐倉宗吾郎がこの松の下で拷問を受けたという。現在、丁目はない。東急東横線の渋谷駅の一つ手前に「代官山」駅あり。

16 広尾《ひろお》

古くは渋谷村の広尾原と呼ばれる鷹場があったという。由来は鷹場の尾根が続いていた所と推測できる。寛文八年（一六六八年）に町屋ができ、早くから開けた。現在、広尾一～五丁目まである。四丁目の広い敷地に聖心女子大学あり。

17 恵比寿《えびす》

町名由来は、サッポロビールの商標・トレードマークから来ている。昭和三年、恵比寿通りとなる。サッポロビール株式会社恵比寿工場のある所は、現在はガーデン・プレイスといって、渋谷区恵比寿四丁目から目黒区三田一丁目までの広大な面積である。そのプレイスの中にサッポロビール記念館、三越デパート、恵比寿神社などがある。現在、恵比寿一～四丁目、恵比寿西・南と広範囲。

恵比寿神社

18 目黒区《めぐろく》

昭和七年、二町（目黒・碑衾《ひぶすま》）が合併して、目黒区が成立。

区名の由来

目黒不動説と、（馬）畔《ぐろ》説がある。
畔とは田んぼなどの細道、曲がった道をいう。
なお、他県の目黒には、目黒不動尊はない。
鮪は目が黒い。目白も同じで川畔の台地に多い。
目白岩・目代・目白という小鳥などの地名説である。

❸大橋《おおはし》
❷青葉台《あおばだい》
❺東山《ひがしやま》
❹三田《みた》
❻祐天寺《ゆうてんじ》
❼五本木《ごほんぎ》
❽中町《なかちょう》
❾下目黒《しもめぐろ》
❿鷹番《たかばん》
⓬碑文谷《ひもんや》
⓭洗足《せんぞく》

目 黒 区 MAP

駒場《こまば》❶

柿《かき》の木《き》坂《ざか》
⑪
⑭八雲《やくも》
大岡山《おおおかやま》⑯
⑮緑《みどり》が丘《おか》
⑰自由《じゆう》が丘《おか》

目黒区内の主要町名・小名

1 駒場《こまば》

由来は駒＝馬の産地で駒場野といい、広大な入会秣場《いりあいまぐさば》（周辺の住民が共同で使用する草刈り場）であったことによる。昭和四十三年、駒場一〜四丁目までとなり、現在に至る。三丁目は東大教養学部の建物が林立。

地名NOTE

駒場に「権兵衛がぁ種まきゃカラスがほじくる」という俗謡の権兵衛の子孫（十数代目）が住んでいる。先祖は、町田市野津田村の百姓代の次男・川井権兵衛。八代将軍吉宗の時、鷹場復活。役人は権兵衛を説き伏せ、駒場に屋敷を与え、「綱差」という役に付かせたという（権兵衛の生涯）。

2 青葉台《あおばだい》

由来は昭和四十三年、上目黒など目黒川沿いの樹木が生い茂る緑豊かな土地であることによる（月刊めぐろ）。平安時代には草刈場であった。明治八年創立の菅刈小学校が三丁目にある。目黒川沿いに菅がいっぱい生えていたことを物語る校名である。大橋氷川神社（大橋二丁目）の石碑に「武州荏原郡古草刈荘目黒郷」と刻んである。現在、青葉台一〜四丁目までである。

3 大橋《おおはし》

由来は目黒川に架かる大きな土橋である。この橋がある所は大山道という幹線道路が走っている。文化年間（一八〇四〜一八年）に勘右衛門というこの土地の有力者が幕府に願い出て架けた橋（新編武蔵風土記稿）。東急田園都市線の「池尻大橋」という駅あり。現在、大橋一〜二丁目までである。

4 三田《みた》

由来は朝廷の米倉から来ている。三田＝御田＝屯倉《みやけ》。平安時代の『和名類聚抄』に御田郷《みたごう》とあり、広範囲で現在の目黒区、港区、品川区に及んでいる。現在、三田一〜二丁目までである。二丁目に慶応大学三田キャンパス。

5 東山《ひがしやま》

かつてこの辺りは上目黒村といい、同村北東部字東山の地にあった。昭和七年、目黒区成立にともなって、その字東山は上目黒七丁目と改称された（目黒五十年史）。昭和四十三年に上目黒六〜七丁目の一部から東山一〜三丁目が成立、現在に至る。二丁目から三丁目にかけて、公務員住宅が林立。三丁目の池尻大橋の駅近くには、東山ハイツ、目黒住宅などが並んでいる。

6 祐天寺《ゆうてんじ》

由来は芝の増上寺の第三十六代法主《ほうしゅ》を開基とする浄土宗・祐天寺の名前による。享保七年（一七二二年）、八代将軍吉宗から、明顕山祐天寺の号が与えられた、浄土宗屈指の名刹。現在、祐天寺は一～二丁目まであるが、そこには由来となった寺はなく、隣の中目黒五丁目にある。

7 五本木《ごほんぎ》

由来は古き鎌倉街道沿いに五本の松の老木があったことがひとつ。もうひとつは、ここ上目黒村に五本木組という組があり、年貢徴収・将軍鷹狩りの準備、援助をした共同体にちなむ。十日森神社（同区中央町二丁目）が五本木組の鎮守。現在、五本木は一～三丁目まである。

8 中町《なかちょう》

由来は上目黒、中目黒、下目黒の各一部から成立しているので、三つの「中」を採り町名とした。「町」を「ちょう」と音読にしたのは隣接区・世田谷区に「中町《なかまち》」があったから区別したという。現在、中町一～二丁目まである。

9 下目黒《しもめぐろ》

ここには五色《ごしき》不動のひとつ目黒不動尊（天台宗瀧泉寺）がある。瀧泉寺は下目黒三丁目にあり、新東京百景に指定されている。行人坂から不動尊まで門前町化していった。同じく三丁目の羅漢寺には五百羅漢が並び、立派で荘厳さが漂う。現在、下目黒一～六丁目まである。

10 鷹番《たかばん》

由来は江戸幕府の鷹場を警備する番小屋があったことによる。当時は碑文谷村に属していた。現在、鷹番一～三丁目である。

11 柿の木坂《かきのきざか》

急坂の途中に柿の木があったので付けられた。特に秋から初冬にかけての柿の木は趣のある風情さで人の足を止める。明治期には衾村《ふすまむら》の柿木坂下といったが、衾の字と意味が難解のため、柿の木坂が浮上して来た（目黒五十年史）。現在、柿の木坂一～三丁目まである。

12 碑文谷《ひもんや》

由来は村内の鎌倉古街道にあった碑文石が、碑文谷八幡社（碑文谷三丁目）に来ていることによる。現在、碑文谷一～六丁目である。

13 洗足《せんぞく》

稲たば千束《せんぞく》という意味から来ている地名。「足洗い」の洗足は伝説から来ている。伝説は日蓮上人の足洗い説や、キリストの弟子が足を洗った故事から付けられた（洗足学園入学案内）。現在、洗足一～二丁目まである。

14 八雲《やくも》

由来は『古事記上巻（十）』の「八雲立つ　出雲八重垣　妻ごみに　八重垣作る　その八重垣を」から来ている。村の鎮守・氷川神社の祭神がスサノオノ命他二柱、その神社の古歌が起因。氷川神社の前にある八雲小学校（八雲二丁目）は、明治七年からある目黒区最古の小学校。現在、八雲一～五丁目まで。

15 緑《みどり》が丘《おか》

この地が緑の多い丘陵地・畑であることにちなむ。かつては碑衾《ひぶすま》町《ちょう》大字《おおあざ》・谷畑といった。昭和七年、緑が丘となる。その頃は一面緑の麦畑だったと古老は回想する。現在、緑が丘一～三丁目までである。

16 大岡山《おおおかやま》

由来は小高い山、低い岡にちなむ。大正十三年、現東京工業大学の前身である東京高等工業が蔵前から移転。現在、大岡山一～二丁目までである。

17 自由《じゆう》が丘《おか》

由来は、この地にある自由ヶ丘学園という学園名から来ている。昭和二年、東横線開通。現在の自由が丘駅がある地は九品佛《くほんぶつ》といい、九体の阿弥陀如来が安置されている寺だった。九品佛は駅名変えを迫られ、「自由が丘」と改称した。奥沢七丁目にある九品仏浄真寺は寺の正面の方に九品仏という駅を移動した。現在、自由が丘一～三丁目までである。

自由ヶ丘学園

19 大田区《おおたく》

昭和二十二年、二区（大森、蒲田）が合併して、大田区が成立。

区名の由来

大森区の「大」と蒲田区の「田」を採った合成地名。

大田区MAP

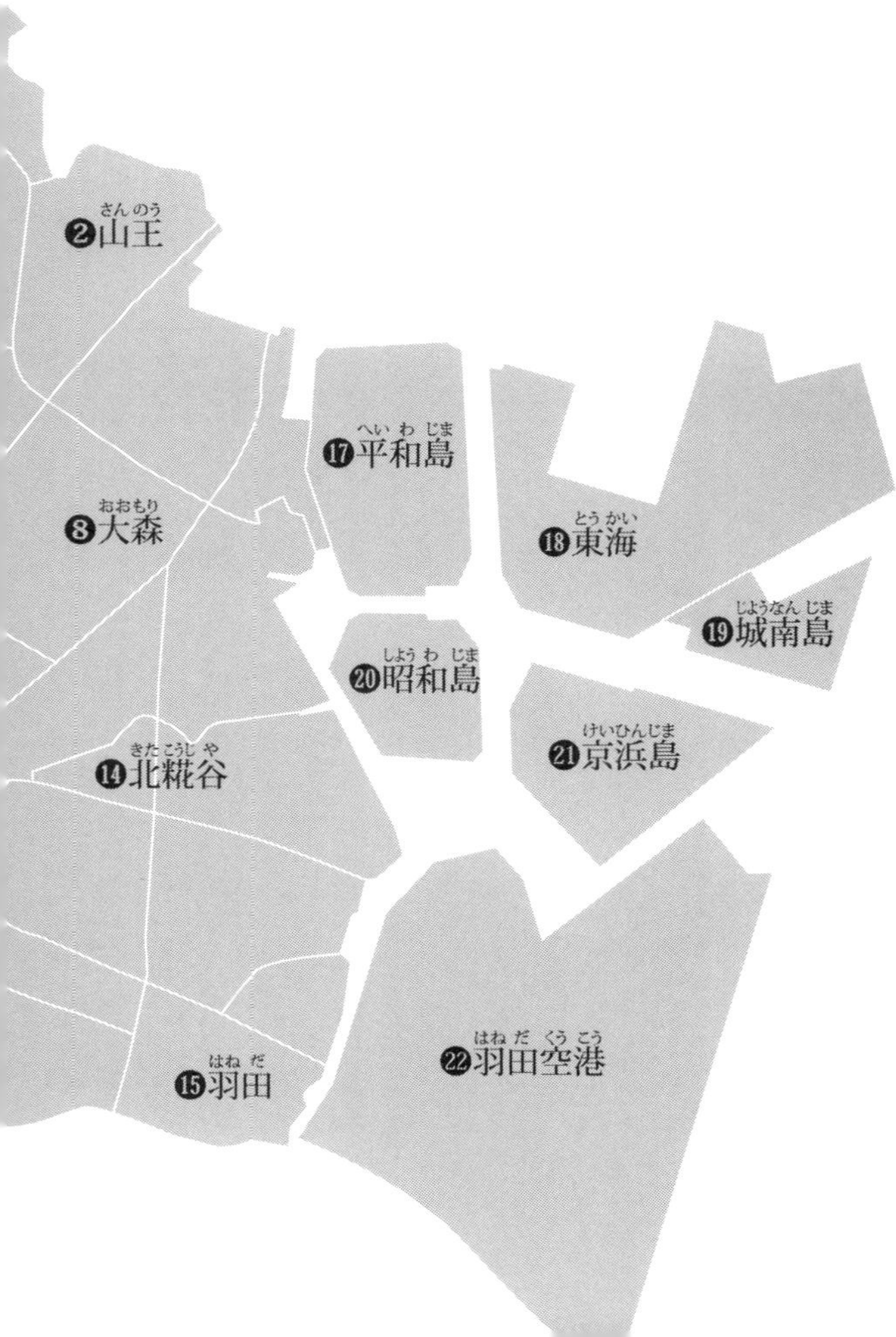

❷山王《さんのう》
❽大森《おおもり》
⓮北糀谷《きたこうじや》
⓯羽田《はねだ》
⓱平和島《へいわじま》
⓲東海《とうかい》
⓳城南島《じょうなんじま》
⓴昭和島《しょうわじま》
㉑京浜島《けいひんじま》
㉒羽田空港《はねだくうこう》

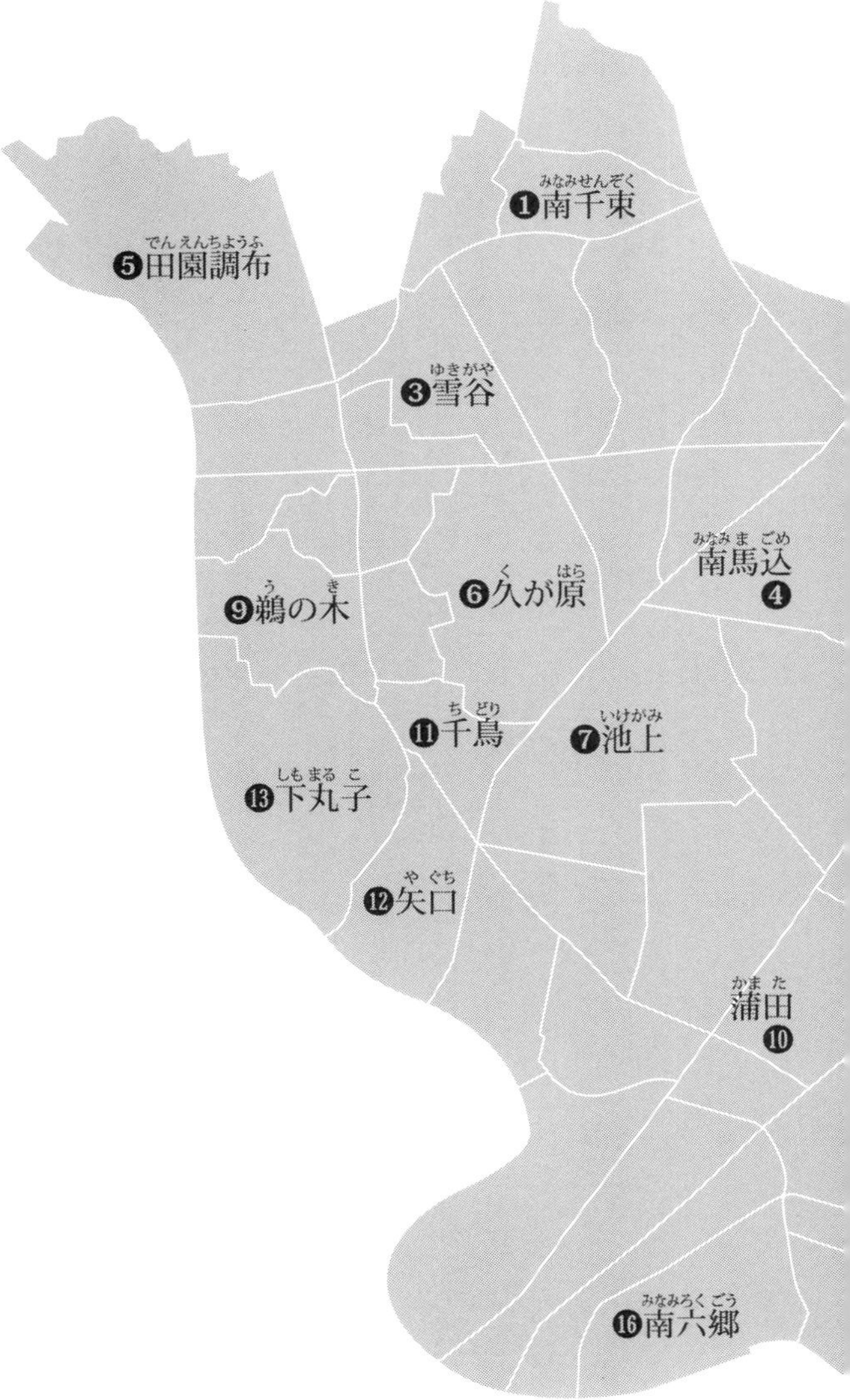
❶南千束《みなみせんぞく》
❺田園調布《でんえんちょうふ》
❸雪谷《ゆきがや》
南馬込《みなみまごめ》❹
❻久《く》が原《はら》
❾鵜《う》の木《き》
⓫千鳥《ちどり》
❼池上《いけがみ》
⓭下丸子《しもまるこ》
⓬矢口《やぐち》
蒲田《かまた》⓾
⓰南六郷《みなみろくごう》

大田区内の主要町名・小名

1 南千束《みなみせんぞく》

由来は千束《せんぞく》分の稲束《いなたば》の免税による。そこに千束池があり。弘安五年（一二八二年）、日蓮が見延山を下り当地の池のそばで、六十一歳で入寂したので洗足池と改称された。現在、南千束一～三丁目、北千束一～三丁目までである。

2 山王《さんのう》

日枝《ひえ》（日吉）神社は大山咋《くい》神を祭神としているので、山王ともいう（古事記）。現在、山王一～四丁目までである。

3 雪谷《ゆきがや》

戦前までこの地は氷室《ひむろ》といって氷をつくっており、夏にその室から出して来て売っていたという。鎌倉雪ノ下も氷をつくった所。現在、雪谷大塚町と東雪谷一～五丁目、南雪谷一～五丁目までである。

4 南馬込《みなみまごめ》

由来は馬の放牧地のことをいう（大田区史）。江戸時代には荏原郡馬込村といった。現在、南馬込一～六丁目、東馬込一～二丁目、西馬込一～二丁目、北馬込一～二丁目、中馬込一～三丁目までである。

地名NOTE

当地は昭和文学の発祥地といわれ、川端康成、三島由紀夫など、大勢の文士が集まっていた。「馬込文士村」とも呼ばれている。

5 田園調布《でんえんちょうふ》

大正七年以降、渋沢栄一らによって都市開発されたので「田園調布」と名付けられた。それ以前は「調布村」といい、自生する麻（春分に種を蒔き秋分に刈る）や苧《からむし》の皮を玉川で晒《さら》し、砧《きぬた》で打って布を作り府中に献上した。現在、田園調布一～五丁目、田園調布本町、田園調布南がある。

6 久《く》が原《はら》

一般的には平安時代、空閑地として朝廷に物納した所という。当区では陸地が呑川《のみかわ》に呑み込まれて行った所と考えられる。現在、久が原一～六丁目まであり。

地名NOTE

各地に久我、空閑、久賀、陸など「くが」と読む地名あり。神奈川県川崎市高津区には久地という地名、JR南武線駅名もあり。ここは多摩川によって崩れた所をいう。

7 池上《いけがみ》

由来は洗足池の池周辺に位置するのでそういう（新編武蔵風土記稿）。現在、池上一〜八丁目まである。一丁目に日蓮宗大本山という池上本門寺があり、毎年盛大なお会式《えしき》が行われる。

8 大森《おおもり》

大きな森があったからそういう（新編武蔵風土記稿）。「大杜」とも書いた。明治十年、アメリカから来日した動物学者エドワード・モースが大森貝塚を発見したのは有名な話である。現在、大森北一〜六丁目をはじめ、東西南北と大森本町あり。

9 鵜《う》の木《き》

多摩川の魚をねらう鵜の森があったのでそういう。現在、鵜の木一〜三丁目まである。

10 蒲田《かまた》

泥深い田という意味で「鎌田」とも書く。もう一つ、蒲《がま》が生えている田という意味がある。現在、蒲田一〜五丁目と蒲田本町などがある。

〔余談〕

普通、ウナギは開いて骨を取り焼くが、もとはウナギを丸焼きにした形が「蒲」の穂に似ているから「蒲焼」という（広辞苑）。

11 千鳥《ちどり》

正式地名としては、渡り鳥のような鳥の名は付けない。地名として付けたとしたら幕末から明治時代に付けた名であろう。現在、千鳥一～三丁目までである。

12 矢口《やぐち》

往古、矢食《やぐい》村といったのがなまって矢口となったという（新編武蔵風土記稿）。現在、矢口一～三丁目、東矢口一～三丁目までである。

13 下丸子《しもまるこ》

「丸」は「まり」とも発音し、「鞠」という字もある。川の丸くなった渡河地点をいう。現在、下丸子一～四丁目までである。

14 北糀谷《きたこうじや》

地名の由来は諸説あるが、はっきりしない。

1 麹屋とも書き、米麴を作ったから（新編武蔵風土記稿）。

2 小名は耕地一色、米の花咲く所。

現在、北糀谷一～二丁目、西糀谷一～四丁目、東糀谷一～六丁目までである。

15 羽田《はねだ》

由来は「埴田《はた》」で、関東ローム層の赤土から来ている。赤羽（p78）と同じことがいえる。

〔類例〕1栃木県大田原市羽田《はんだ》／2茨城県桜川市羽田《はねだ》／3大分県大分市羽田《はだ》／4大分県日田市羽田《はた》

羽田飛行場の飛行機の羽とは関係なく、本羽田一〜三丁目の羽田をいう。現在、本羽田の他、羽田一〜六丁目、羽田旭町がある。

地名NOTE

東京稲城市矢野口に渡しあり。南北朝時代の戦記文学『太平記』三十三巻によると、江戸遠江守喜多見(狛江市)城主は稲毛庄へ急ぎ、新田義貞の子・義興が上野(群馬県)新田郷から鎌倉へ向かう途中、謀略を企て矢野口で義興らが乗る舟を沈没させた。義興・由良兵庫助ら自害者十三人の死体は大雨に流され大田区の方に流れ着いたのだろう。同区矢口付近の新田神社、十寄神社にはその死体の霊がまつられている。江戸時代前期の戯作《げさく》者・平賀源内の作『神霊矢口渡』の影響か、この事件は稲城市矢野口でなく、大田区矢口説の著作本多し。東急田園都市線二子玉川駅(世田谷区玉川二丁目)の西側に兵庫島がある。この島は由良兵庫助の死体が上流から流れ着いた所という(郷土資料せたがや)。『太平記』には「矢ノ口ノ渡ト申ハ浪嶮《なみけわ》ク底深シ」とある。大田区の矢口は汽水《きすい》、汽水帯といって海の塩と川の真水が混じり合う静かな所で波は険しくない。大和市下鶴間に、新田一族の墓と地図あり。

16 南六郷《みなみろくごう》

六郷とは、六つの郷から成っているのでそういう。古川町、高畑町、町屋町、八幡塚、雑色、出雲町などがある。現在、仲六郷一〜四丁目、西六郷一〜四丁目、南六郷・東六郷一〜三丁目までである。

17 平和島《へいわじま》

工業用地として埋め立てられた人工島。昭和四十二年、日本が平和であるようにと名付けられた。現在、平和島一〜六丁目までである。

18 東海《とうかい》

当区の一番東の方にある島という意味である。現在、東海一〜六丁目までである。

19 城南島《じょうなんじま》

江戸城の一番南の方に大田区があるのでそういう。城南信用金庫もこの辺から神奈川県などをテリトリーとしている。現在、城南島一〜七丁目までである。

20 昭和島《しょうわじま》

昭和四十二年にできた島なのでそういう。現在、昭和島一〜二丁目までである。

21 京浜島《けいひんじま》

東京の浜という意味。現在、京浜島一〜三丁目までである。

22

羽田空港《はねだくうこう》

昔は貝の養殖などが行われていた漁師町は昭和二十六年、羽田空港となった。当初、二十五ヘクタールにすぎなかったのが国際線となり、年々拡大されて行った。平成十二年には、二期、三期工事で拡張され、一二七一ヘクタールとなった。現在、羽田空港一～三丁目まである。

20 練馬区

ねりま

昭和二十二年、練馬区が板橋区から分離、独立した。

区名の由来

崖から田んぼへ流れ落ちる赤土粘土にちなむ。

類例

1 大田区羽田（埴）

2 北区赤羽

赤土粘土を火で焼くと煉瓦となる。

練馬区MAP

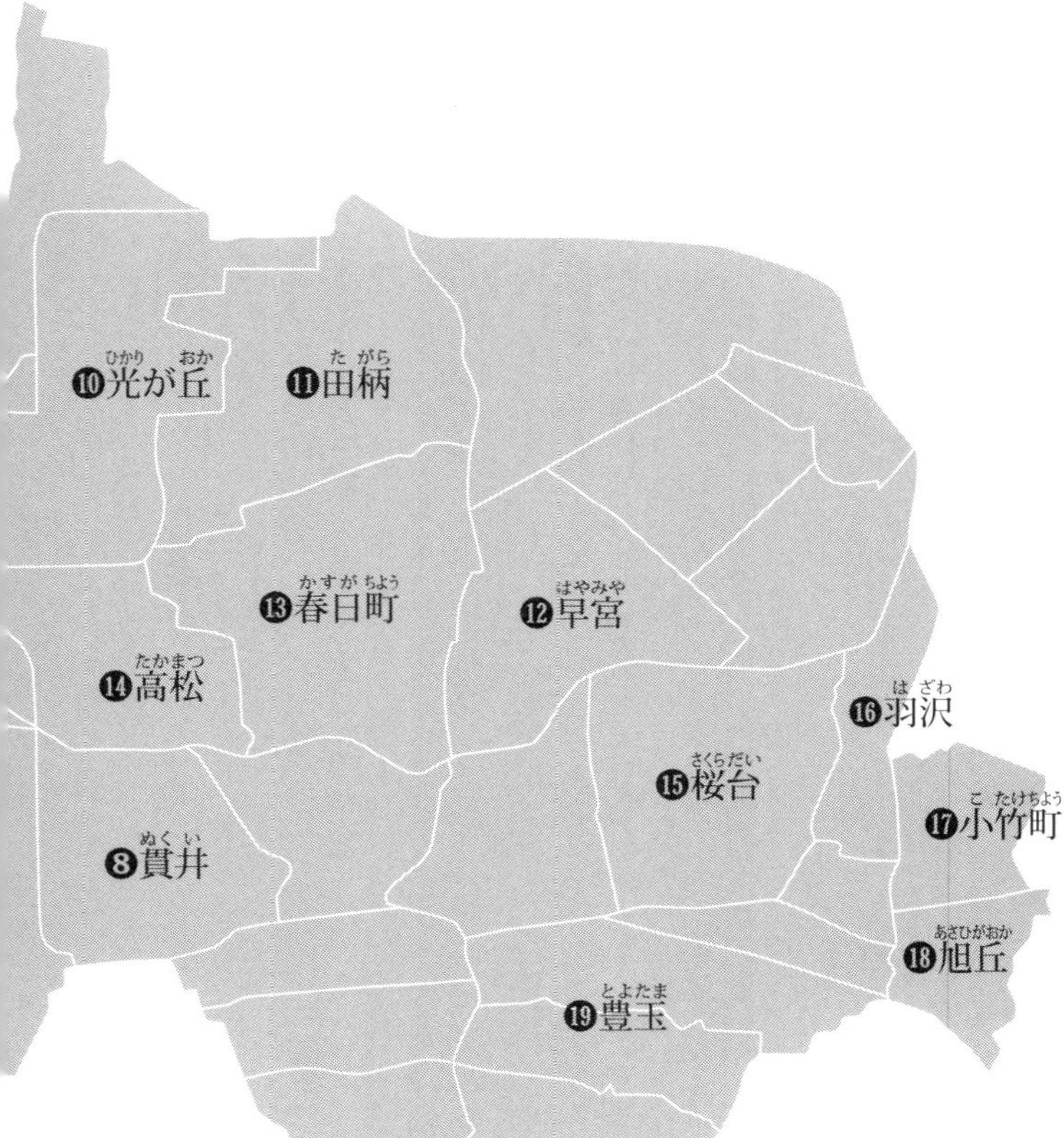
❿光《ひかり》が丘《おか》
⓫田柄《たがら》
⓭春日町《かすがちょう》
⓬早宮《はやみや》
⓮高松《たかまつ》
⓰羽沢《はざわ》
⓯桜台《さくらだい》
⓱小竹町《こたけちょう》
❽貫井《ぬくい》
⓲旭丘《あさひがおか》
⓳豊玉《とよたま》

❶大泉学園町《おおいずみがくえんちょう》
❷土支田《どしだ》
❺比丘尼橋《びくにばし》
❻谷原《やはら》
❹東大泉《ひがしおおいずみ》
❸石神井神社《しゃくじいじんじゃ》
❼石神井町《しゃくじいまち》
❾立野町《たてのちょう》

練馬区内の主要町名・小名

1 大泉学園町《おおいずみがくえんちょう》

大正十三年、箱根土地会社が東京商科大学（現・一橋大学）を誘致し、日本最初の学園都市計画を立てたが実現しなかった。同大学は国立に建てられた。現在、同町一～九丁目まである。

2 土支田《どしだ》

由来は土師・土器を作る人々の居住地があったことによる。現在、土支田一～四丁目まである。

〔類例〕岡山県備前市備前焼

備前焼は田土《たづち》といって田んぼの土で土器を作る。釉薬をかけずに藁でたすきがけにするだけの素朴な土器。

3 石神井神社《しゃくじいじんじゃ》

由来は石の棒を神様とまつってあるのでそういう。性器の形の石の神様は各所にあり。「神」の「ん」は省略された。郡《ぐ》上《じょう》八幡、女川《おながわ》、念珠《ねず》の関（奥州三関の一つ）も、「ん」が省略された地名。現在、石神井神社は石神井町四丁目にある。

4 東大泉《ひがしおおいずみ》

井の頭池の小泉にちなんで明治二十二年に命名（北豊島郡誌、大泉小学校沿革史）。井の頭の水源地は武蔵野市にある豊かな湧水池で、江戸時代は神田上水の水源にもなった。

地名NOTE

東大泉六丁目にある牧野記念庭園は、植物学者・牧野富太郎（一八六二〜一九五七年）が九十六歳で亡くなるまで植物研究に没頭した所。小学校中退で東大の講師もした。庭園には書斎や標本資料などが収蔵展示されている（入場無料）。

5 比丘尼橋《びくにばし》

梵語の当て字なので色々な字がある。比丘尼には二種類ある。

1 女性比丘尼（寺を持っている）。

2 男性比丘尼（現代のニューハーフ。托鉢僧）。

現在、町名としてはなく、「びくに公園（東大泉二丁目）」となっている。

6 谷原《やはら》

元は「やわら」と発音したが、新住居表示で「やはら」とした。現在、谷原一〜六丁目まである。

7　石神井町《しゃくじいまち》

元は石神井郷といった（小田原衆所領役帳）。江戸時代に上石神井村、下石神井村等に分村。明治二十二年に関、田中村などと合併し、昭和七年、石神井関町などとなった。現在、石神井を冠する町名は石神井町一〜八丁目の他、石神井台、上石神井、下石神井、上石神井南町がある。

8　貫井《ぬくい》

貫井は温かい井戸水という意味から来ている。自噴井で、昔は至る所で見られた。その水の温度は冬でも十五、六度で「ぬくい」。東京都小金井市貫井神社（貫井南町三丁目）や町田市野津田暖沢も同じ由来。町田市野津田や大蔵では今でも流れ出ている。現在、貫井一〜五丁目まである。

9　立野町《たてのちょう》

高い平らな台地をいう。従って、見晴らしの良い所をいう。全国に分布し、丘の上の平坦地が多い。「たちの」と読むケースもある。現在、立野町は単独町名、丁目はなし。

10　光が丘《ひかりがおか》

昭和四十四年、緑と太陽を象徴として命名した（練馬区報）。現在、光が丘一〜七丁目まである。

11　田柄《たがら》

田が枯れることをいう。明治四年、干ばつに悩む村人たちは玉川上水の分水を引いて美田を作った。天祖神社（田柄四丁目）境内にその記念碑あり。現在、田柄一～五丁目までである。

地名NOTE

平安時代、神奈川県に足ノ上郡（南足柄市）があった。ここは高台なので「葦《あし》が枯れる」から来ている地名である。

12 早宮《はやみや》

昭和四十年に早渕川の「早」と宮ヶ谷戸の「宮」を採って合成地名を作った。現在、早宮一～四丁目までである。

13 春日町《かすがちょう》

由来は春日神社（春日町三丁目）にちなむ。現在、春日町一～六丁目までである。

14 高松《たかまつ》

由来は、若宮八幡宮（高松一丁目）や浅間神社（同二丁目）に長崎富士という富士塚があり、高い所に松があることによる。また、高松四丁目と同二～三丁目の間の街道は富士街道といわれている。現在、高松一～六丁目までである。

15 桜台《さくらだい》

大正四年、大正天皇即位の御大礼記念に桜の木を植えられた。石神井川のほとりに並ぶ桜は、小金井のそれに肩を並べている。現在、桜台一～

六丁目までである。

16 羽沢《はざわ》

由来は埴《はに》で「粘土」を意味する。この地名も練馬（練間）と関係がある（ねりま区報）。現在、羽沢一〜三丁目までである。

〔類例〕「埴」が由来の地名は各所にある。その読みは所により異なる。東京都北区赤羽／栃木県羽田／茨城県羽田／大分県羽田《はだ》／大分県羽田《はた》

17 小竹町《こたけちょう》

由来は小高《こたか》い所という意味になる。地名学でいう佳名好字で、「松竹梅」が付く地名は、その周辺の地形調査が必要。ここは江戸時代、雑木山だった。浅間神社（一丁目）には富士塚（高さ八m）もある（東京地名考）。現在、小竹町一〜二丁目までである。石神井村の小名に上竹、下竹あり。

18 旭丘《あさひがおか》

元は練馬区江古田町という名であったが、昭和三十五年に住民アンケートで旭丘となった。現在、旭丘一〜二丁目までである。

19 豊玉《とよたま》

元は豊島郡新井村や多摩郡江古田村だったが、明治九年、郡名の「豊」と「多摩」を採って合成地名にした（豊玉小学校開校九十周年記念誌）。現在、豊玉上一〜二丁目、豊玉北一〜六丁目、豊玉中一〜四丁目、豊玉南一〜三丁目までである。

21 中野《なかの》区

昭和七年、中野町と野方町が合併して中野区が成立。

区名の由来

中野町の「中」と野方町の「野」を採った合成地名。

中野区MAP

❸江原町《えはらちょう》
❹江古田《えごた》
⓬松が丘《まつがおか》
❿上高田《かみたかだ》
⓮中野《なかの》
⓯東中野《ひがしなかの》
⓰中央《ちゅうおう》
⓱本町《ほんちょう》
⓲弥生町《やよいちょう》

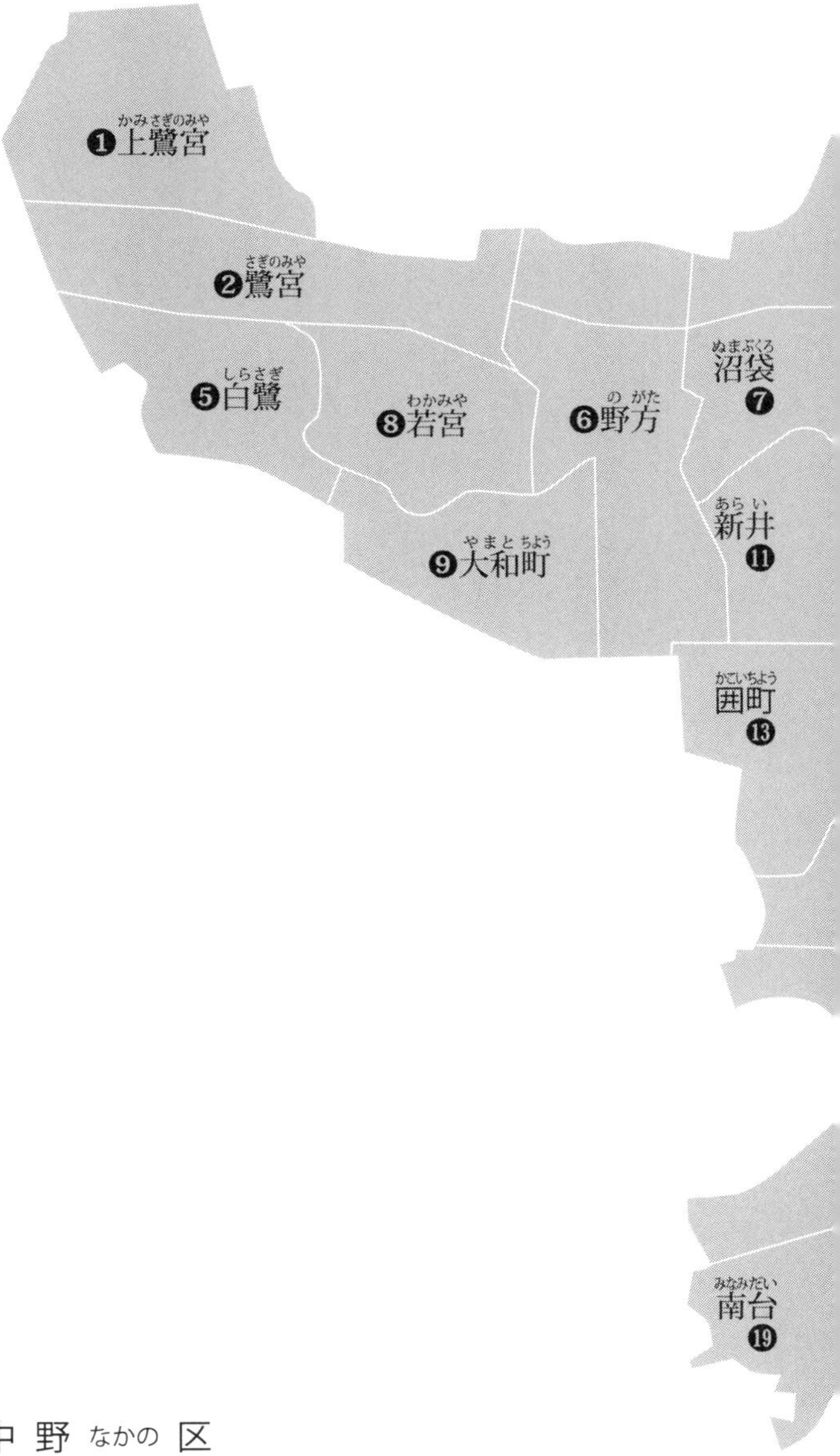

❶上鷺宮《かみさぎのみや》
❷鷺宮《さぎのみや》
❺白鷺《しらさぎ》
❽若宮《わかみや》
❻野方《のがた》
沼袋《ぬまぶくろ》❼
新井《あらい》⓫
❾大和町《やまとちょう》
囲町《かこいちょう》⓭
南台《みなみだい》⓳

中野区内の主要町名・小名

1 上鷺宮《かみさぎのみや》

中野区の上、鷺宮の上にあるから付いた地名。現在、上鷺宮一～五丁目まである。

2 鷺宮《さぎのみや》

多くの鷺が宿っていたので土地の人は、鷺森または鷺宮などといった（新編武蔵風土記稿）。現在、鷺宮一～六丁目まである。

3 江原町《えはらちょう》

江古田町の一部から命名した。江古田の原の方。現在、江原一～三丁目まである。

4 江古田《えごた》

由来は谷間の小さな湿田をいう。全国に分布している。現在、江古田一～四丁目まである。

5 白鷺《しらさぎ》

八幡社の周辺に白鷺のひときわ美しく、その地名ができた。近くの福蔵院もその名を採り白鷺山福蔵院という。現在、白鷺一～三丁目まであり。

6 野方《のがた》

戦国～江戸期には野方領といい、低い田園地帯に対して野の高い方の所をいう。現在、野方一～六丁目まである。

7 沼袋《ぬまぶくろ》

川袋と同じように、沼地が袋状になっている所をいう。現在、沼袋一～四丁目までである。

8 若宮《わかみや》

由来は近くに八幡神社があるから。日本三大八幡神宮の一つに京都に有名な石清水八幡宮がある。ここは、応神天皇の息子・仁徳天皇をまつる宮で若宮八幡宮という（日本書記）。その名の八幡宮は無数にあり。また、若宮、若宮町も数百もあり、全国に分布。現在、若宮一～三丁目までである。

9 大和町《やまとちょう》

昭和九年に沼袋南二～三丁目を改称し、大きな和を持って、住民が町を発展させるという意味で付けた。現在、大和町一～四丁目までである。

〔類例〕　神奈川県大和市　ここも当地とまったく同じ意味で命名した。

10 上高田《かみたかだ》

町名の通り、高い台地で妙正寺川の南側にあり。上高田一丁目と四丁目に都心から移って来た寺院が十数軒ひしめきあっている。新井白石、林芙美子、笠森お仙など多くの有名人がこの寺町に眠っている。現在、上高田一～五丁目までである。

11 新井《あらい》

由来は応永二十年（一四一三年）、梅原郷主左衛門が村の共同井戸を掘ったことによるという。天正年間（一五七三〜九二年）開基の梅照院新井薬師がある。五丁目にあるこの寺は、新東京百景に選ばれている。現在、新井一〜五丁目まである。

12 松《まつ》が丘《おか》

昭和三十八年、江古田と新井町の一部から成立した町名。由来は、赤松が生えていた新宿寄りの村はずれ。「松」は佳名好字で「末」の意味。現在、松が丘一〜二丁目まである。

地名NOTE

松が丘二丁目に哲学堂公園がある。哲学者の井上圓了（一八五八〜一九一九年）がここに哲学堂を建てたのがはじまりで、公園になった。圓了は東京湯島に哲学館（現在の東洋大学）を創設した人物。講演中に倒れ、翌日六十一歳で亡くなった。墓は北隣の蓮華寺（江古田一丁目）にある。

13 囲町《かこいちょう》

現在は町名になっていない。中野区役所がある中野四丁目で、囲町公園の名は残っている。囲町の由来は五代将軍綱吉の「生類憐みの令」に基づく、幕府の野犬収容所・お囲い屋敷にちなむ。ここに収容された野犬は約四千二百匹という。

14 中野《なかの》

明治二十二年、本郷村と雑色村が合併して、武蔵野の中央なので中野とした。長身の八代将軍吉宗は鷹狩りが大好きであった。囲町のあった現・中野四丁目一帯の広大な土地に桃の木を植えた。現在、中野一〜六丁目までである。

15 東中野《ひがしなかの》

昭和四十一年、中野村から東中野となった。その中にあった桜山は数株しか桜の木がなかったが、JR東中野駅の線路沿いの土手に桜、ツツジ、菜の花が咲き、春には見事な光景が見られるという。現在、東中野一〜五丁目までである。

16 中央《ちゅうおう》

昭和四十二年、仲町など数町から成立した。中央の中心が仲町なので、その名が命名されたのだろう。現在、中央一〜五丁目までである。

17 本町《ほんちょう》

本郷、本村、本町などと名前は変わってきた。古くから人々が住み着き、名主の家、神社、お寺などもあり、その地域の政治的、文化的、中心的な場所をいう。現在、本町一〜六丁目までである。

18 弥生町《やよいちょう》

この地の近くで、弥生式土器、遺跡が多く発見されたので、昭和四十二年、町名に採用された。現在、弥生町一〜六丁目までである。

19 南台《みなみだい》

由来は中野区の南端に位置するので、その名が付けられた。現在、南台一〜五丁目までである。

22 杉並区《すぎなみく》

昭和七年、四ヵ町（和田堀、杉並、井荻、高井戸）を合併し、杉並区が成立。

区名の由来

往古、人家のあまりなき頃、青梅街道の両側に杉が連なっていたことによる（杉並区教育委員会「杉並の地名」）。

杉並区MAP

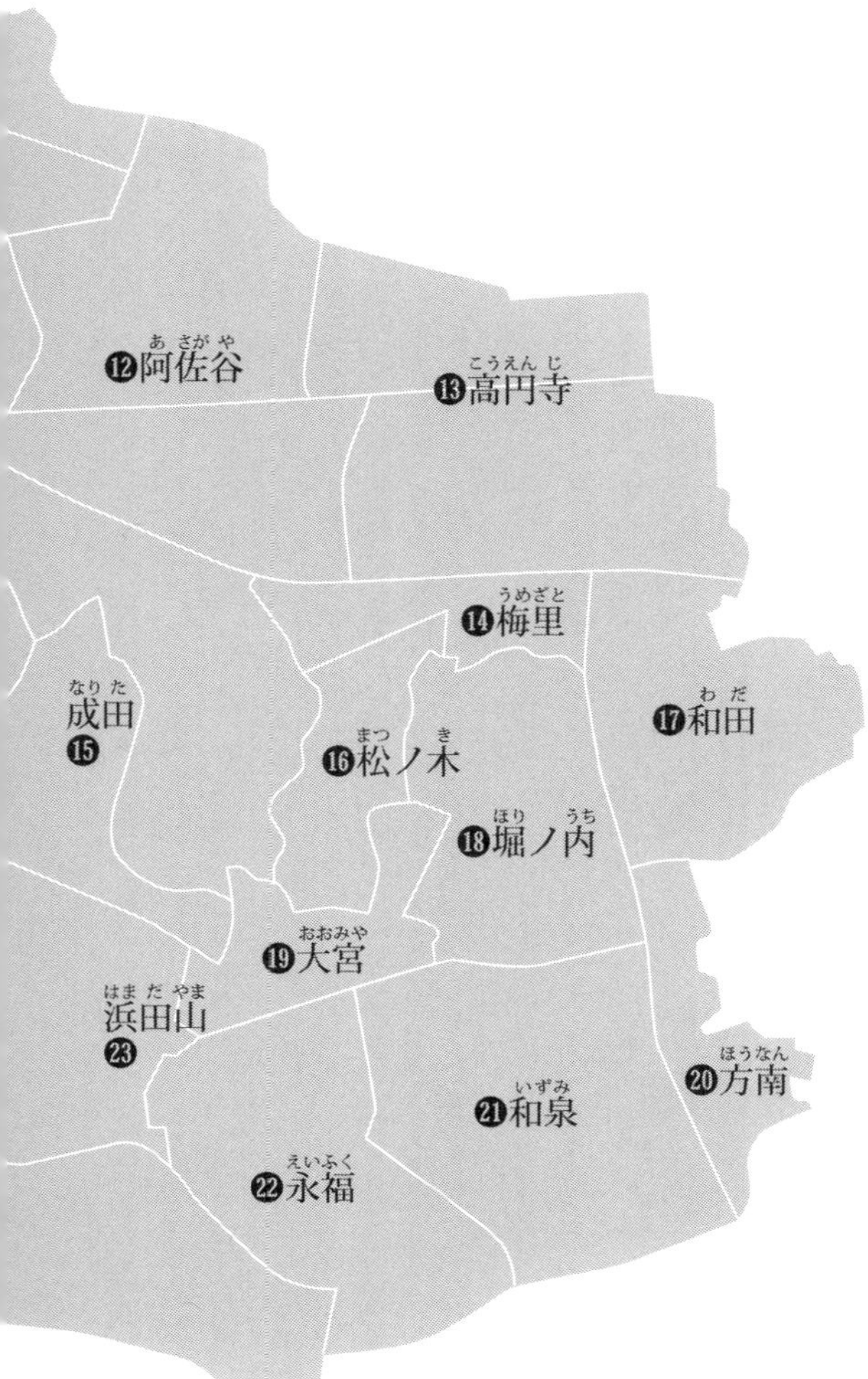
⓬阿佐谷《あさがや》
⓭高円寺《こうえんじ》
⓮梅里《うめざと》
成田《なりた》
⓯
⓰松《まつ》ノ木《き》
⓱和田《わだ》
⓲堀《ほり》ノ内《うち》
⓳大宮《おおみや》
浜田山《はまだやま》
㉓
⓴方南《ほうなん》
㉑和泉《いずみ》
㉒永福《えいふく》

❶井草《いぐさ》
❷今川《いまがわ》
❸善福寺《ぜんぷくじ》
❹桃井《ももい》
❺清水《しみず》
❻天沼《あまぬま》
❼荻窪《おぎくぼ》
❽松庵《しょうあん》
❾宮前《みやまえ》
❿久我山《くがやま》
⓫高井戸《たかいど》

杉並区内の主要町名・小名

1 井草《いぐさ》

「井」は「藺《い》」で湿生の多年草植物で畳表にする植物。井草の近くにある清水・天沼・阿佐谷などの町名から見ると、畳表の井草栽培に適する地域である。有名な生産地は熊本県八代、岡山県など。現在、井草一～五丁目、上井草一～四丁目、下井草一～五丁目までである。

2 今川《いまがわ》

戦国時代、尾張桶狭間の戦いで信長に破れた今川義元の子孫が江戸幕府に仕えた。観泉寺（今川二丁目）に今川家累代の墓あり。現在、今川一～四丁目までである。

3 善福寺《ぜんぷくじ》

曹洞宗善福寺（善福寺三丁目）がある。善福寺川源流で、池の周りが都の指定公園になっている。現在、善福寺一～四丁目まである。二丁目に東京女子大学あり。

4 桃井《ももい》

桃は桃の木を植えたことによる。囲町の「生類憐みの令」の後に、この近郊にも八代将軍吉宗が桃の木を植えさせた。現、中野区本町三丁目の桃園小学校の分校として、ここ薬王院の薬師堂を開校、桃園学校とした。明治九年に桃園学校の「桃」と、遅野井の「井」を採り、「桃井」という合成地名にした。現在、桃井一～四丁目まである。

5 清水《しみず》

由来は文字通り、清水がこんこんと湧き出ていたことによる。昭和七年、下井草村沓掛《くつかけ》が現行表示となった。ちなみに「沓掛《くつかけ》」とは崖の下のへこんだ所をいう。わらじ掛け（くつかけ）伝説は地名由来とは関係なし。石積み泉跡は保存されているという。現在、清水一～三丁目まである。

6 天沼《あまぬま》

雨沼《あめぬま》とも書き、湿地・沼地のことをいう。各地に見られる地名。現在、天沼一～三丁目まである。

〔類例〕
1 群馬県桐生市天沼新田
2 群馬県みどり市大間々町北雨沼・南雨沼
3 栃木県宇都宮市下栗町雨沼《あまぬま》 など

7 荻窪《おぎくぼ》

「荻《おぎ》」とはイネ科の多年草植物。ススキに似て、多くは水辺に群生する。荻窪とは、それらが低い窪地に繁茂する所をいう。ここでは善福寺川が淀み、蛇行した地域をいう。現在、荻窪一～五丁目、西荻北一～五丁目、西荻南一～四丁目、南荻窪一～四丁目がある。

8 松庵《しょうあん》

由来は寛文五年（一六六五年）、この地を開いた医師の荻野《おぎの》松庵《しょうあん》にちなむ。松庵の供養碑が武蔵野市吉祥寺安養院（吉祥寺東町一）にあり。現在、松庵一～三丁目まである。

9 宮前《みやまえ》

大正十五年、大宮前となり、昭和四十四年からの住居表示で「大」の字をとり「宮前」とした。由来は、村の鎮守・春日神社である。現在、宮前一～五丁目まである。

10 久我山《くがやま》

雑木林が神田川によって崩れて落ちた所をいう。陸《くが》・空間《くが》などとも書く。現在、久我山一～五丁目まである。

〔類例〕1 東京都大田区久ヶ原（呑《のみ》川）
2 神奈川県川崎市久地（多摩川）
3 栃木県鹿沼市久我（荒井川）

11 高井戸《たかいど》

由来は高い丘陵地なので、井戸を掘っても水が出ない。「掘り兼ねない」という所をいう。平安時代・藤原俊成の『千載和歌集』や、室町時代・准后《じゅごう》道興の『廻国雑記』にも高井戸という所だと書いている。同様の由来を持つ地名には、埼玉県狭山市「堀兼の井」などがある。現在、上高井戸一～三丁目、下高井戸一～五丁目、高井戸東一～四丁目、高井戸西一～三丁目あり。門かぶりの松の松本清張の旧邸あり。

12 阿佐谷《あさがや》

由来は、諸説ある中で「浅い谷地だったので浅ヶ谷」が有力といえる。

〔類例〕1 東京都八王子市浅川町
2 福島県石川郡浅川町
3 長野県長野市浅川、他多数あり。

現在、阿佐谷北一～六丁目、阿佐谷南一～三丁目まである。麻は春分の頃、種を蒔く。自生せず。

13 高円寺《こうえんじ》

文字通り、由来は寺名から来ている。高円寺（現・高円寺南四丁目）に三大将軍家光が鷹狩りに来た時、よく当寺を訪れたので、元小沢村といったのが寺名に変わったという。現在、高円寺南一～五丁目、高円寺北一～四丁目まである。なお、高円寺は「阿波踊り」で有名。また、昭和四十二年に吉田拓郎が『高円寺』を作曲、発表したので誰でも知る有名な地名になった。

14 梅里《うめざと》

由来は昭和四十三年、住居表示会議で青梅街道の「梅」と町を意味する「里」を合わせて「梅里」としたことによる。佳名好字だという理由もある。現在、梅里一〜二丁目まである。

15 成田《なりた》

由来は戦国時代からある成宗村の「成」と、田端村の「田」を合わせて合成地名としたことによる。現在、成田東一〜五丁目、成田西一〜四丁目まである。

地名NOTE

各地に成田という地名はあるが、由来はそれぞれだ。栃木県南河内町の成田は、ならされた平坦地という意味。千葉県成田市成田は、「雷が鳴るから」。また、群馬、茨城、福島にある成田は、すべて新田というのが由来である。

16 松ノ木《まつのき》

由来は松の木のご神木、または松ノ木が多く生えていたからという。現在、松ノ木一〜三丁目まである。一丁目の川カーブ点・和田堀あり。

17 和田《わだ》

由来は善福寺川が和田二丁目あたりから輪のように曲がっていたことによる。もっと大きな川が大きく輪になっている所を川和といい、和田も川和も各所にある。現在、和田一〜三丁目である。

18 堀《ほり》ノ内《うち》

一般概念では城の周りの堀を連想するが、その例は非常に少ない（下図の円グラフを参照）。①は秀吉の小田原城攻め以前からその地に住み権力を持っていた豪族。その堀は現在ほとんどなし。子孫は現存。現在、堀ノ内一〜三丁目までである。

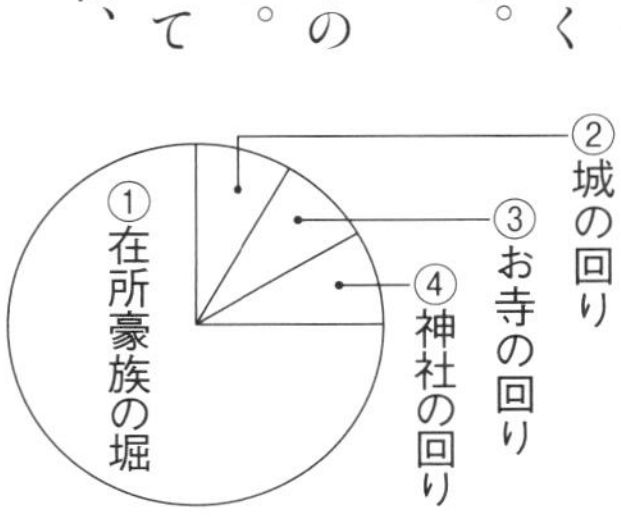

19 大宮《おおみや》

由来は平安末期からある大宮八幡神社による。現在、大宮一〜二丁目までである。二丁目に高千穂大学がある。

20 方南《ほうなん》

由来は野方領の南に位置することによる。現在、方南一〜二丁目までである。

21 和泉《いずみ》

村名の由来となる池は、現在枯れて空堀という。奈良時代、天平の頃、聖武天皇は地名は二字でしかも縁起の良い字を用いるようにと勅旨を出した。泉は一字なので「泉」の上に「和」を添えるようになった。泉田などは二字だから和を付ける必要がない。現在、和泉一〜四丁目まである。隣りの永福一丁目に明大和泉校舎がある。そこの和田堀廟所には樋口一葉や古賀政男の墓あり。

22 永福《えいふく》

由来は曹洞宗永福寺が村名になったことによる。その寺は大永二年（一五二二年）開基という。現在、永福一〜四丁目まである。

23 浜田山《はまだやま》

由来は米穀商浜田弥兵衛の名による（京王電鉄三十年史）。浜田屋の持ち山（四丁目。現・杉並南郵便局）から墓石発見。浜田弥兵衛とある。三重・四日市市で調査したが、不明という。現在、浜田山一〜四丁目まである。

23 世田谷《せたがや》区

昭和七年、二町（世田ヶ谷、駒沢）、二村（松沢、玉川）が合併して世田谷区が成立した。

区名の由来

元々は勢田郷といい、低い谷間の湿田である（和名類聚抄）。

世田谷区MAP

3 北沢《きたざわ》
1 松原《まつばら》
18 代田《だいた》
17 池尻《いけじり》
20 若林《わかばやし》
19 太子堂《たいしどう》
世田谷《せたがや》 22
23 三軒茶屋《さんげんぢゃや》
21 上馬《かみうま》
21 下馬《しもうま》
25 弦巻《つるまき》
26 桜新町《さくらしんまち》
27 深沢《ふかさわ》
32 等々力《とどろき》
34 奥沢《おくさわ》
33 尾山台《おやまだい》

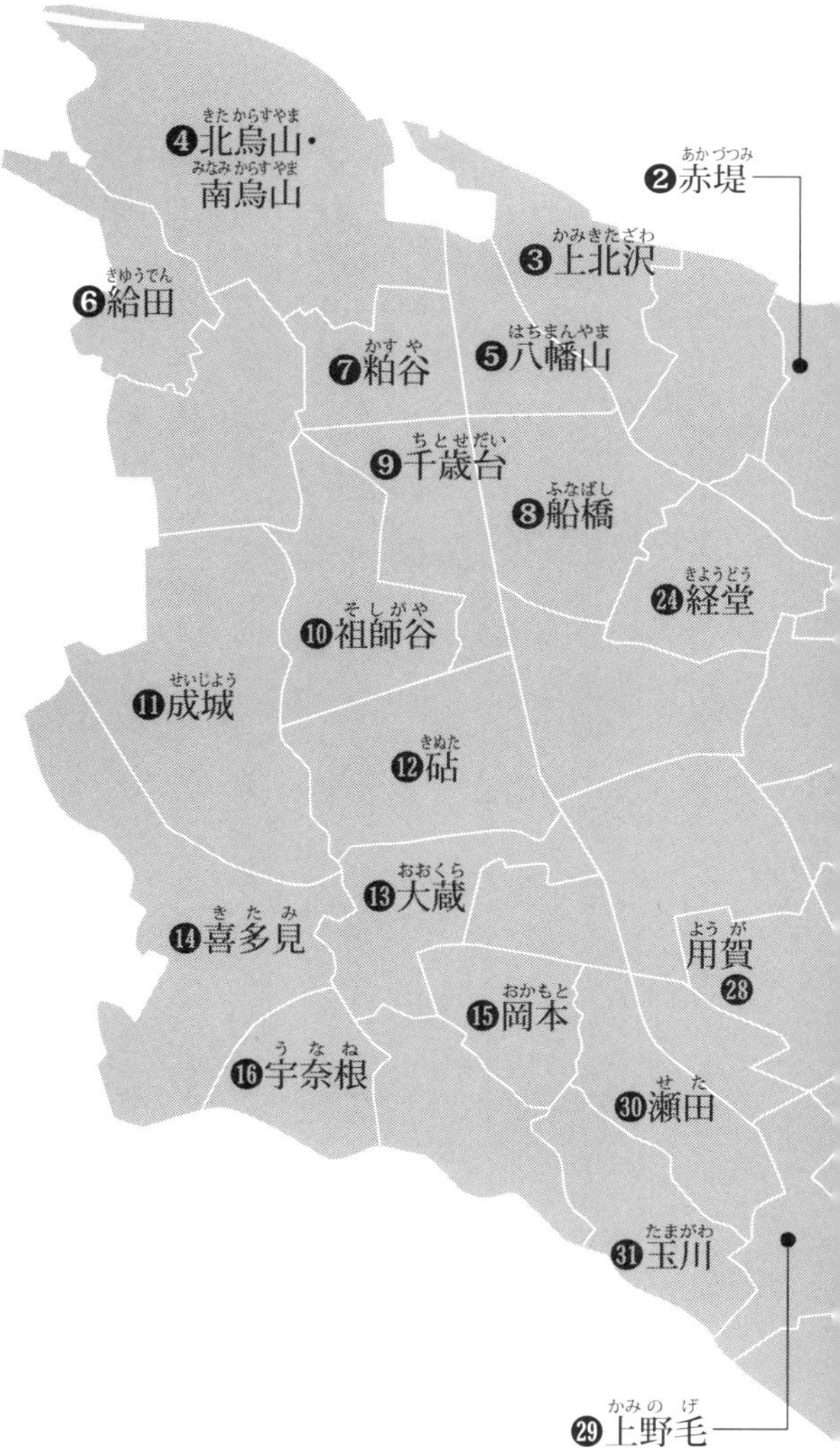

211 世田谷 せたがや 区

世田谷区内の主要町名・小名

1 松原《まつばら》

由来は赤松の林であったことにちなむ（世田谷の地名）。現在、松原一～六丁目まである。二丁目に日本女子体育大学付属二階堂高校あり。

2 赤堤《あかづつみ》

服部氏陣屋跡で、低い土地の水害防止用の堤が赤土であったことに由来する。現在、赤堤一～五丁目まである。

3 上北沢《かみきたざわ》・北沢《きたざわ》

北沢は世田谷郷の一番北にある沢という意味である。古くは佳名好字の「喜多沢」とも書いた（新編武蔵風土記稿）。下北沢は北沢の中にある駅名。現在、北沢一～五丁目、上北沢一～五丁目まである。

4 北烏山《きたからすやま》・南烏山《みなみからすやま》

烏山は鳥がいっぱいいたからではない。河原洲で川の洲が地名の由来である。明治維新後は戦争がなくなったので渡り鳥（鶴・鴨など）の名を地名に付けたが、それ以前は渡り鳥などを忌み嫌って地名に付けなかった。現在、北烏山一～九丁目、南烏山一～六丁目まである。

〔類例〕栃木県那須烏山市（荒川と那珂川が作る河原洲）

5 八幡山《はちまんやま》

元は鍛冶山村といい崖地であった。八幡一丁目にある八幡神社が、地名の由来である。現在、八幡山一〜三丁目までである。

6 給田《きゅうでん》

別名「給地」ともいう。給地とは、1 中世荘園の領主から与えられた土地、領家は官吏の役人、2 江戸時代、各藩が藩士に給料として与えた土地、知行地をいう。現在、給田一〜五丁目までである。

7 粕谷《かすや》

由来は洪水などで土砂が上から流れて来て、埋まった堆積地・不毛の地をいう。糟谷三郎説（武蔵名勝図会）は付会で、武蔵名勝図会付会は13大蔵の項、大蔵三郎説にも散見される。現在、粕谷一〜四丁目までである。

地名NOTE

粕谷・糟谷・粕屋という地名は各地に見られる。

1神奈川県伊勢原市・上粕屋／2栃木県真岡市粕田・下糟屋／3栃木県真岡市粕尾町／4茨城県下妻市数須／5埼玉県加須市加須／6秋田県大館市粕田（粕田川）／7宮城県黒川郡大郷町粕川（吉田川）／8群馬県伊勢崎市粕川村／9愛知県名古屋市南区粕畠／10三重県多気郡多気町糟屋御園

8 船橋《ふなばし》

この地域は大海からの入江とは考えにくい。鳥山川が流れ込む運河・江川を作って水田稲作をしたと考えられる。小さな筏《いかだ》のような小舟を泊めたので、この地名が作られたのかも知れない。現在、船橋一〜七丁目まである。

9 千歳台《ちとせだい》

明治からある千歳村の一部から昭和四十六年の住居表示によってできた台地の地名。千歳は千年も万年も末長く繁栄していくようにと命名された佳名好字で各所にある。現在、千歳台一〜六丁目まである。

10 祖師谷《そしがや》

鎌倉時代に地福寺という寺があり、そこに日蓮宗の祖師・日蓮上人の堂があったという。それが祖師谷の由来である（千歳村史）。現在、祖師谷一〜六丁目まである。

地名NOTE

由来となった地福寺は現在はない。鎌倉時代、日蓮は『立正安国論』を著し、「南無妙法蓮華経」を唱えれば、人々、国家は幸福になるといい、また、他宗教、政道批判して幕府から伊豆に流された。そんなことから日蓮の祖師堂、地福寺も焼かれてしまったのだろう。

11
成城《せいじょう》

小田急線の新宿に近い方に「成城学園前」という駅がある。その駅のすぐ北側に成城学園、成城大学などあり。地名の由来はその学園ができたことによる。大正十四年、砧《きぬた》村に開校。新宿校を経て、昭和二年小田急開通と同時に約二万坪の敷地を得てこの地に開校した。現在、成城一～九丁目まである。

地名NOTE

この地への移転には、学園主事・小原国芳が尽力した。もう一人の功労者は川崎市多摩区長尾の鈴木久弥である。鈴木久弥は第一回神奈川県県会議員であった。持っていた成城の土地・一万坪と一万円を寄付して学園設立に協力した。なお、詩人佐藤春夫は、横浜市市ヶ尾にある約千五百坪の土地を大正五年、鈴木久弥から千円で買った。

12
砧《きぬた》

昔、麻や苧《からむし》の皮を砧《きぬた》という道具で打って、柔らかくして織物を作った。その道具が地名となった。現在、砧一～八丁目まである。

きぬた

13 大蔵《おおくら》

崖地のことをいう。崖地の上に集落がある所が多い。町田市の大倉三郎、鎌倉三代将軍の頃この地に住し、子孫両家に分流し世田谷の大蔵に住す(武蔵名勝図会)。隣接する岡本が崖地の先端。玉川八景に選ばれ、大蔵大根で有名な原台地である。現在、大蔵一～六丁目まである。

地名NOTE

北海道の大倉山ジャンプ・スキー場は、崖を利用したものである。町田市大蔵は鶴見川が作った崖地の上の台地に集落がある。なお、大蔵の少し下流の金井町に木倉という所があるが、木地師(栃やブナを用い椀や盆をつくる職人)がいたという形跡はまったくない。特定な地域の特定の場所のみに木地師がいたのだろう。

14 喜多見《きたみ》

江戸氏は最初、江戸城館に構えたが太田道灌が進出し江戸城を修復し始めたので、北西の方・喜多見に陣屋を構えた。さらに江戸氏は謀略を計り新田義貞の子・義興が鎌倉へ向かう途中、東京稲城市の矢野口の渡しで、舟底に穴をあけ、義興らを沈没。自害した者、おぼれ死んだ者など十三人の死体は大雨に流され、大田区の矢口付近で浮かんでいた。その喜多見の江戸氏は消滅していった。現在、喜多見一～九丁目までである。

15 岡本《おかもと》

町田川の上の岡の崖地のはずれをいい、玉川八景「岡本紅葉」がある。現在、岡本一～三丁目までである。旧岩崎家別邸の静嘉堂文庫が岡の上（二丁目）にあり、和漢書二十万冊、古美術五千点を所蔵している。隣接する岡本公園には民家園あり。

16 宇奈根《うなね》

この町名は、世田谷区と川崎市高津区宇奈根が玉川をはさんである。由来は古語で田んぼに水を引く堀、用水を「うなで」という。その町田川の根（川根）なので「宇奈根」という。町田川は多摩川兵庫島へ出る。現在、宇奈根一～三丁目までである。

17 池尻《いけじり》

由来は名の示すように池・沼が多いことによる。大山街道沿いに、日蓮宗常光庵と祖師堂がある。現在、池尻一～四丁目までである。

18 代田《だいた》

ダイダラボッチという大男が住んでいたという伝説のある町名である。その足跡・凹んだ所があるという。場所は、代田四丁目の代田小学校あたりという説と、井の頭線をはさんだ代田六丁目の守山小学校あたりという説もいる。大男だから、その二つの小学校は「ひとまたぎ（すぱん）」かも。現在、代田一〜六丁目までである。

地名NOTE

ダイダラボッチの伝説は各地に伝わり、神奈川県相模原市鹿沼もそのひとつ(日本伝説体系)。鹿沼公園の池がその足跡と伝えられる。

19 太子堂《たいしどう》

由来は東急田園都市線三軒茶屋駅より少し北西にある円泉寺（太子堂三丁目）の境内に、聖徳太子の像があることによる。現在、太子堂一〜五丁目までである。

20 若林《わかばやし》

由来は若い木を植え、林にしたことによる。一面に広がる新田に鈴木（刈り取った稲束を掛け干しにする木）にするための若木を植えた。

〔類例〕

1 宮城県仙台市若林区
2 石川県七尾市若林町

3　新林　各所にあり

現在、若林一～五丁目まである。

21 下馬《しもうま》・上馬《かみうま》

源頼朝が平泉に逃れた義経等を征伐途中、今の下馬あたりを進んで行くと、馬が病死したので近くに埋めた。そんな故事から馬引沢村という地名ができた。今はその「馬」の字を採って「上馬・下馬」という地名にした。現在、下馬一～六丁目、上馬一～五丁目まである。

22 世田谷《せたがや》

世田谷の由来は、谷間のたんぼという。現在、世田谷一～四丁目、瀬田一～五丁目まである。瀬田黄稲は玉川八景のひとつ。

地名NOTE

中世ぐらいまで「谷」は「かい」と発音した。谷戸は「かいと」、なまって「けえと」といい、現在でも、「かいと」、「けえと」と呼んでいる所もある。

23 三軒茶屋《さんげんぢやや》

由来は江戸時代、この地に三軒の茶屋があったことによる。田中屋（堀江）、しがらき（後に石橋樓・山本・現在山本隆俊氏）、角屋（現在なし）。現在、三軒茶屋一～二丁目までである。

地名NOTE

拙著、『大山道今昔』（かなしんブックス3）に、「幕末の頃、三軒茶屋を訪れた著名人十数人の中に坂本竜馬が入っている」と書いたところ、これを読んだ山本隆俊氏が手紙をくれ、「家に竜馬の写真が見つかった」と喜んでいた。この写真の存在を知った高知新聞（竜馬は土佐出身である・昭和六十三年十一月十五日付）は、トップ・ニュースとして大々的に報じた。

24 経堂《きょうどう》

由来は医学書を土民が経本と間違えたことによる。漢方医、御殿（典）医・松原土佐守弥右衛門はその屋敷（現在の経堂一丁目）に僧を迎えて寺・福昌寺を造った。いわば、御殿医寺である。現在、経堂一～五丁目までである。

経堂開基家

25 弦巻《つるまき》

由来は川が大きく曲がり、流れがゆるやかに淀んだ水流（つる）をいう。当て字は新宿区早稲田鶴巻町の項を参照（p146）。左に挙げる八例は、全部同じ意味である。現在、弦巻一～五丁目まである。

1弦巻／2鶴牧／3鶴巻／4鶴蒔／5鶴間／6都留／7鶴馬／8鶴見

26 桜新町《さくらしんまち》

明治時代に桜大門という屋号の真井《さない》家が桜を植えたのが由来。昭和四十三年に桜新町となり、現在、桜新町一～二丁目まである。この辺の歩道にはピンク色の八重桜が続く。一丁目に長谷川町子美術館あり。

地名NOTE

明治天皇は駒沢に兎狩りに行った時、ここ大山街道沿いの桜大門・真井家で昼食をとられた。この時の獲物は勢子《せこ》（獲物を追い出す役）が上手でなかったのか兎一羽と狸一頭だけだった（真井家の記録）。

27 深沢《ふかさわ》

由来は字の通りで、奥深い沢・谷で駒沢村の大字だった江戸時代初期は将軍家の鷹場であった。現在、深沢一～八丁目まである。七丁目に日本体育大学、同女子短大あり。

28 用賀《ようが》

由来はヨーガ、インドの梵語で、精神修養の健康法の一つである瑜伽（＝ヨガ）で、真言宗の道場が勢田郷の原野で行われていた。小田原北条の飯田図書（現・飯田恭次氏）によって室町時代に開発され、江戸時代には荏原《えばら》郡用賀村となる（武蔵田園簿）。真言宗真福寺は、室町時代に飯田図書が開基した。現在、用賀一〜四丁目まである。

29 上野毛《かみのげ》

由来は崖地のことをいう。類例2、3も崖のある国という意味。現在、上野毛一〜四丁目まである。

〔類例〕1 横浜市中区野毛町
2 上毛（上野）群馬県の古い地名。
3 下毛野（しもつけ野）栃木県の古い地名。

30 瀬田《せた》

22の世田谷の項（p219）で説明済み。

31 玉川《たまがわ》

玉川は町の名で、そばを流れる川の名（多摩川）と区別した。しかし、大田区では多摩川を町の名としている。東急多摩川線あり。現在、玉川一〜四丁目までである。

32 等々力《とどろき》

由来は「ドドウ」という滝の音から来ている。東京にある等々力渓谷の滝は、現在はチョロチョロと落ちて、写真ではよく撮れない。渓谷は駅の近くから等々力一丁目まで。現在、等々力一〜八丁目までである。

東京・等々力の滝
（横浜青葉区・林浩一氏スケッチ）

33 尾山《おやま》台《だい》

古くは（天文二十年）、「小山」と書いた。明治八年、尾山村と改称。小山・尾山は細長く、原の方を「尾山台」といい、崖の方を「尾山」という。現在、尾山台一〜三丁目までである。二丁目付近に東京都市大学（旧武蔵工業大学）がある。

34 奥沢《おくさわ》

呑川の下流地方から見て、奥深い沢があるというのが奥沢の由来である。下流地方には新田が作られ、寛文二年（一六六二年）に分村し、奥沢新田村といった。また、明治九年、奥沢村が本村を合併して、奥沢村となった。

現在、奥沢一〜八丁目まである。七丁目には九品仏《くほんぶつ》浄真寺がある。極楽浄土へ行くには九等の階位があり、それには「九品念仏」を唱えることだという。

緑が丘 みどりがおか 172
南青山 みなみあおやま 112
南大塚 みなみおおつか 141
南烏山 みなみからすやま 212
南砂 みなみすな 55
南千住 みなみせんじゅ 39
南千束 みなみせんぞく 176
南台 みなみだい 198
南馬込 みなみまごめ 176
南六郷 みなみろくごう 181
三ノ輪 みのわ 60
三宅坂 みやけざか 106
宮前 みやまえ 204

む

六木 むつぎ 18

め

目白 めじろ 141
目白台 めじろだい 89

も

桃井 ももい 202
門前仲町 もんぜんなかちょう 54

や

八重洲 やえす 69
矢口 やぐち 179
八雲 やくも 171
谷河内 やごうち 33
谷在家 やざいけ 15
八潮 やしお 126
谷中 やなか 60
谷原 やはら 187
八広 やひろ 44
大和町 やまとちょう 195
山吹町 やまぶきちょう 146
弥生 やよい 87
弥生町 やよいちょう 198
矢来町 やらいちょう 147

ゆ

祐天寺 ゆうてんじ 170
有楽町 ゆうらくちょう 106
雪谷 ゆきがや 176
湯島 ゆしま 92
豊町 ゆたかちょう 124

よ

用賀 ようが 222
横網 よこあみ 46
余丁町 よちょうまち 151
四つ木 よつぎ 25
四葉 よつば 131
四谷 よつや 153
代々木 よよぎ 161

り

両国 りょうごく 47

ろ

六月 ろくがつ 16
六本木 ろっぽんぎ 113

わ

若林 わかばやし 218
若宮 わかみや 195
早稲田鶴巻町 わせだつるまきちょう 146
和田 わだ 207

馬喰町 ばくろちよう 68
羽沢 はざわ 190
蓮根 はすね 130
幡ヶ谷 はたがや 160
旗の台 はたのだい 125
八幡山 はちまんやま 213
初台 はつだい 160
八丁堀 はつちようぼり 70
花畑 はなはた 17
羽田 はねだ 179
羽田空港 はねだくうこう 182
浜田山 はまだやま 208
浜松町 はままつちよう 116
浜離宮庭園 はまりきゆうていえん 73
隼町 はやぶさちよう 106
早宮 はやみや 189
春江町 はるえちよう 34
晴海 はるみ 73
半蔵門 はんぞうもん 104

ひ

東大泉 ひがしおおいずみ 187
東中野 ひがしなかの 197
東向島 ひがしむこうじま 44
東山 ひがしやま 169
光が丘 ひかりがおか 188
比丘尼橋 びくにばし 187
碑文谷 ひもんや 171
百人町 ひやくにんちよう 155
平井 ひらい 32
平河町 ひらかわちよう 104
平塚 ひらつか 123
広尾 ひろお 164

ふ

深沢 ふかさわ 221
福住 ふくずみ 54
二葉 ふたば 124
舟渡 ふなど 130
船橋 ふなばし 214
船堀 ふなぼり 33
文花 ぶんか 45

へ

平和島 へいわじま 181
弁天町 べんてんちよう 148

ほ

方南 ほうなん 207
保木間 ほきま 16
堀切 ほりきり 24
堀ノ内 ほりのうち 207
堀船 ほりふね 81
本一色 ほんいつしき 30
本郷 ほんごう 91
本駒込 ほんこまごめ 86
本町 ほんちよう 197

ま

前野町 まえのちよう 133
牧野記念庭園 まきのきねんていえん 187
町屋 まちや 38
松が丘 まつがおか 196
松が谷 まつがや 63
松ノ木 まつのき 206
松原 まつばら 212
丸の内 まるのうち 104

み

瑞江 みずえ 34
水元 みずもと 22
三田（港区）みた 117
三田（目黒区）みた 169
美土代町 みとしろちよう 100

竹の塚 たけのつか …… 16
竹橋 たけばし …… 103
立花 たちばな …… 44
多町 たちよう …… 99
立石 たていし …… 25
立川 たてかわ …… 48
立野町 たてのちよう …… 188
田端 たばた …… 82
玉川 たまがわ …… 222

ち

千歳 ちとせ …… 48
千歳台 ちとせだい …… 214
千鳥 ちどり …… 179
千早 ちはや …… 139
中央 ちゆうおう …… 197

つ

築地 つきじ …… 72
佃 つくだ …… 72
堤通 つつみどおり …… 44
角筈 つのはず …… 155
弦巻 つるまき …… 221

て

田園調布 でんえんちようふ …… 177

と

東海 とうかい …… 181
道玄坂 どうげんざか …… 163
東陽 とうよう …… 54
常盤台 ときわだい …… 133
徳丸 とくまる …… 131
戸越 とごし …… 123
土支田 どしだ …… 186
豊島 としま …… 80
戸塚町 とつかまち …… 146
等々力 とどろき …… 223
舎人 とねり …… 14
戸山 とやま …… 148
豊玉 とよたま …… 190
虎ノ門 とらのもん …… 113
鳥越 とりごえ …… 64

な

永坂町 ながさかちよう …… 115
長崎 ながさき …… 139
永田町 ながたちよう …… 107
中町 なかちよう …… 170
中野 なかの …… 197
中延 なかのぶ …… 124
成田 なりた …… 206
業平 なりひら …… 45
成増 なります …… 131

に

新宿 にいじゆく …… 23
西新井本町 にしあらいほんちよう …… 15
西片 にしかた …… 88
西ヶ原 にしがはら …… 81
西巣鴨 にしすがも …… 139
日暮里 につぽり …… 39
二之江町 にのえちよう …… 32
日本橋 にほんばし …… 69
人形町 にんぎようちよう …… 68

ぬ

貫井 ぬくい …… 188
沼袋 ぬまぶくろ …… 195

ね

根岸 ねぎし …… 60
根津 ねづ …… 87

の

野方 のがた …… 194

は

白山 はくさん …… 87

信濃町 しなのまち 153
篠崎 しのざき 30
東雲 しののめ 55
芝浦 しばうら 117
柴又 しばまた 23
島根 しまね 17
清水 しみず 203
志村 しむら 132
志茂 しも 78
下馬 しもうま 219
下丸子 しもまるこ 179
下目黒 しもめぐろ 170
石神井神社 しゃくじいじんじゃ 186
石神井町 しゃくじいまち 188
自由が丘 じゆうがおか 172
十二社 じゅうにそう 155
松庵 しょうあん 204
松濤 しょうとう 162
城南島 じょうなんじま 181
昭和島 しょうわじま 181
昭和町 しょうわまち 82
白河 しらかわ 52
白鷺 しらさぎ 194
白金 しろかね 117
新川 しんかわ 70
新木場 しんきば 56
神宮前 じんぐうまえ 162
神泉町 しんせんちょう 163
新橋 しんばし 114
神保町 じんぼうちょう 98

す

水道 すいどう 91
巣鴨 すがも 141
駿河台 するがだい 97

せ

成城 せいじょう 215
ゼームス坂 ぜーむすざか 122
関口 せきぐち 92
瀬田 せた 222
世田谷 せたがや 219
千川 せんかわ 138
千石 せんごく 86
千住 せんじゅ 17
千束 せんぞく 61
洗足 せんぞく 171
千駄ヶ谷 せんだがや 160
千駄木 せんだぎ 86
善福寺 ぜんぷくじ 202

そ

雑司が谷 ぞうしがや 142
祖師谷 そしがや 214
外神田 そとかんだ 96

た

代官山町 だいかんやまちょう 163
太子堂 たいしどう 218
代田 だいた 217
台場 だいば 118
太平 たいへい 46
高井戸 たかいど 204
高砂 たかさご 25
高島平 たかしまだいら 130
高田 たかだ 142
高田馬場 たかだのばば 154
高輪 たかなわ 118
鷹番 たかばん 171
高松（豊島区）たかまつ 138
高松（練馬区）たかまつ 189
田柄 たがら 188
滝野川 たきのがわ 81

き

紀尾井町 きおいちよう 105
喜久井町 きくいちよう 147
菊川 きくかわ 48
雉子町 きじちよう 102
北青山 きたあおやま 112
北大塚 きたおおつか 141
北烏山 きたからすやま 212
北糀谷 きたこうじや 179
北沢 きたざわ 212
北砂 きたすな 54
喜多見 きたみ 216
砧 きぬた 215
木場 きば 54
給田 きゆうでん 213
京島 きようじま 44
経堂 きようどう 220
京橋 きようばし 70
清澄 きよすみ 53
桐ヶ丘 きりがおか 79
銀座 ぎんざ 70
錦糸 きんし 46

く

久が原 くがはら 177
久我山 くがやま 204
九段北・南 くだんきた・みなみ 102
蔵前 くらまえ 64
栗原 くりはら 16

け

京浜島 けいひんじま 181

こ

小石川 こいしかわ 90
小岩 こいわ 30
高円寺 こうえんじ 205
麹町 こうじまち 103
江北 こうほく 15
後楽 こうらく 92
小菅 こすげ 24
小竹町 こたけちよう 190
五反田 ごたんだ 122
古千谷 こぢや 14
小伝馬町 こでんまちよう 68
寿 ことぶき 63
小日向 こひなた 90
五本木 ごほんぎ 170
駒込 こまごめ 140
小松川 こまつがわ 32
駒場 こまば 168
小茂根 こもね 134
小山 こやま 124
紺屋町 こんやちよう 100

さ

逆井橋 さかさいばし 32
鷺宮 さぎのみや 194
佐久間町 さくまちよう 96
桜丘町 さくらがおかちよう 163
桜新町 さくらしんまち 221
桜台 さくらだい 189
笹塚 ささづか 160
佐野 さの 18
鮫洲 さめず 125
皿沼 さらぬま 14
猿江 さるえ 52
三軒茶屋 さんげんぢやや 219
山王 さんのう 176

し

汐留 しおどめ 115
鹿浜 しかはま 15
鹿骨 ししぼね 30
下谷 したや 61

江戸川 えどがわ …… 34
江原町 えはらちよう …… 194
荏原 えばら …… 123
恵比寿 えびす …… 164
炎天寺 えんてんじ …… 16

お

王子本町 おうじほんちよう …… 81
大井 おおい …… 123
大泉学園町 おおいずみがくえんちよう …… 186
大岡山 おおおかやま …… 172
大久保 おおくぼ …… 151
大蔵 おおくら …… 216
大崎 おおさき …… 123
大島 おおじま …… 52
大塚 おおつか …… 88
大手町 おおてまち …… 103
大伝馬町 おおでんまちよう …… 68
大橋 おおはし …… 169
大宮 おおみや …… 207
大森 おおもり …… 178
大谷口 おおやぐち …… 134
大谷田 おおやた …… 18
大山町 おおやまちよう …… 134
岡本 おかもと …… 217
小川町 おがわまち …… 99
荻窪 おぎくぼ …… 203
興野 おきの …… 16
尾久 おぐ …… 38
奥沢 おくさわ …… 223
奥戸 おくど …… 26
押上 おしあげ …… 45
音羽 おとわ …… 89
お花茶屋 おはなちやや …… 24
尾山台 おやまだい …… 223

か

加賀（足立区）かが …… 14
加賀（板橋区）かが …… 133
柿の木坂 かきのきざか …… 171
神楽坂 かぐらざか …… 148
囲町 かこいちよう …… 197
鍛冶町 かじちよう …… 100
春日 かすが …… 91
春日町 かすがちよう …… 189
霞が関 かすみがせき …… 108
粕谷 かすや …… 213
勝どき かちどき …… 73
勝島 かつしま …… 125
金杉 かなすぎ …… 118
金町 かなまち …… 22
要町 かなめちよう …… 139
歌舞伎町 かぶきちよう …… 152
兜町 かぶとちよう …… 69
加平 かへい …… 18
蒲田 かまた …… 178
上馬 かみうま …… 219
上落合 かみおちあい …… 154
上北沢 かみきたざわ …… 212
上鷺宮 かみさぎのみや …… 194
上十条 かみじゆうじよう …… 80
上高田 かみたかだ …… 195
雷門 かみなりもん …… 63
上野毛 かみのげ …… 222
神谷 かみや …… 79
神山町 かみやまちよう …… 162
亀有 かめあり …… 22
亀戸 かめいど …… 52
亀沢 かめざわ …… 47
茅場町 かやばちよう …… 69

地名索引

あ

愛住町 あいずみちょう……152
青戸 あおと……23
青葉台 あおばだい……168
赤城元町 あかぎもとまち……147
赤坂 あかさか……112
明石町 あかしちょう……71
赤塚 あかつか……131
赤堤 あかづつみ……212
赤羽 あかばね……78
秋葉原 あきはばら……64
阿佐谷 あさがや……205
浅草 あさくさ……62
旭丘 あさひがおか……190
麻布十番 あざぶじゅうばん……116
麻布狸穴町 あざぶまみあなちょう……114
小豆沢 あずさわ……132
愛宕 あたご……113
吾妻橋 あづまばし……45
天沼 あまぬま……203
綾瀬 あやせ……18
新井 あらい……196
荒木町 あらきちょう……152

い

飯田橋 いいだばし……101
井草 いぐさ……202
池上 いけがみ……178
池尻 いけじり……217
池之端 いけのはた……62
池袋本町 いけぶくろほんちょう……138
伊興 いこう……14
石原 いしはら……46
和泉 いずみ……207
板橋 いたばし……133
市谷加賀町 いちがやかがちょう……149
市谷田町 いちがやたまち……151
市谷仲之町 いちがやなかのちょう……150
市谷薬王寺町 いちがややくおうじまち……150
市谷山伏町 いちがややまぶしちょう……149
一之江町 いちのえちょう……32
一番町 いちばんちょう……102
今川 いまがわ……202
今戸 いまど……61
入船 いりふね……71
入谷（足立区）いりや……14
入谷（台東区）いりや……61
岩本町 いわもとちょう……99

う

上野 うえの……62
上原 うえはら……161
宇喜多町 うきたちょう……33
浮間 うきま……78
鶯谷町 うぐいすだにちょう……163
宇田川町 うだがわちょう……162
宇奈根 うなね……217
鵜の木 うのき……178
梅里 うめざと……206
梅田 うめだ……17

え

永福 えいふく……208
江古田 えごた……194
越中島 えっちゅうじま……55

〈著者紹介〉
金子勤（かねこ　つとむ）　1929年、神奈川県横浜市生まれ、早稲田大学卒業。関東地方各都県の地名の由来を研究。2008年に『神奈川県の地名』（神奈川新聞社）を刊行。「長津田宿の歴史を活かしたまちづくり研究会」のメンバーとして、長津田十景などを紹介した「長津田歴史探訪マップ」の編纂に携わる。他に『大山道今昔』（神奈川新聞社）、『風車の回る異人館』（講談社）などの著書がある。

この作品は2010年2月幻冬舎ルネッサンスより刊行されたものです。

東京23区の地名の由来
2016年8月10日　第1刷発行

著　者　金子 勤
発行者　見城 徹

発行所　株式会社 幻冬舎
〒151-0051　東京都渋谷区千駄ヶ谷4-9-7

電話：03(5411)6211（編集）
03(5411)6222（営業）
振替：00120-8-767643
印刷・製本所：中央精版印刷株式会社

ISBN978-4-344-02980-4 C0095
幻冬舎ホームページアドレス　http://www.gentosha.co.jp/

この本に関するご意見・ご感想をメールでお寄せいただく場合は、comment@gentosha.co.jpまで。